BATAILLE DE COULMIERS

ORLÉANS, IMP. DE G. JACOB, CLOITRE SAINT-ÉTIENNE, 4.

BATAILLE DE COULMIERS

9 NOVEMBRE 1870

PAR

Auguste BOUCHER

Ancien élève de l'Ecole normale, Professeur de seconde au Lycée d'Orléans.

ORLÉANS
H. HERLUISON, LIBRAIRE-ÉDITEUR
17, RUE JEANNE-D'ARC, 17

1871

BATAILLE

DE

COULMIERS

~~~~

Aux derniers jours d'octobre, il avait été décidé, dans un conseil de guerre à Tours, qu'on essaierait de reconquérir Orléans. On était convenu d'un plan dont le succès paraissait assuré, si les mouvements projetés pouvaient s'opérer dans les conditions de temps déterminées et prescrites. L'armée de la Loire avait l'ordre de passer le fleuve pour suivre sur la rive droite deux voies différentes : avec le 17e corps, le général Martin des Pallières devait, à l'est, se diriger sur Orléans par Gien et la forêt; avec le 15e et le 16e corps, le général d'Aurelle, qui les commandait en chef, s'avancerait vers l'ouest, pour occuper la route d'Orléans à Paris. On tournerait ainsi Orléans des deux côtés à la fois : c'était pour l'ennemi une double menace, et on la jugeait d'autant plus puissante qu'on pensait avoir au moins la supériorité du nombre. Qu'allait-il résulter, en effet, des manœuvres qu'on voulait exécuter ainsi, comme en traçant un cercle autour de M. de Tann? Ou les Bavarois, craignant qu'on ne coupât leurs communications avec Paris, évacueraient Orléans pour offrir le combat au général d'Aurelle entre la forêt de Marchenoir, Orléans et Patay; et alors Martin des Pallières arriverait au champ de bataille derrière eux : en pareil cas, la victoire était certaine. Ou les Bavarois s'enfermeraient dans Orléans; et les deux généraux français, combinant leurs efforts, pourraient réduire l'ennemi à un désastre. Quant au téméraire parti de courir tous ensemble à la rencontre de Martin des Pallières, les Bavarois ne s'y résoudraient point, puisque d'Aurelle les tenait déjà sous le feu de son armée; d'ailleurs, en s'éloignant ainsi de leur base d'opérations pour franchir la Loire et pénétrer dans le Giennois, les Bavarois eussent bravé la fortune avec une imprudence qu'on ne pouvait vraiment supposer. Fallût-il même admettre cette supposition, le 17ᵉ corps pouvait, avec ses seules forces, résister à l'armée de M. de Tann. Le plan du général d'Aurelle était donc bien conçu. Malheureusement, la capitulation de Metz, la négociation de l'armistice et quelques autres circonstances en retardèrent alors l'exécution.

Le 6 novembre, à l'aube, le signal fut donné : la grande opération commença. Campé dans la Sologne, le 17ᵉ corps se mit en mouvement le premier : il partit d'Argent ; son itinéraire était tracé par Gien, Châteauneuf et la forêt d'Orléans. Le général d'Aurelle devait attendre jusqu'au 8 dans les cantonnements où ses troupes se trouvaient établies, c'est-à-dire en arrière et sur la droite de la forêt de Marchenoir : il laissait ainsi à Martin des Pallières le temps de parcourir sa longue route pour se placer derrière l'ennemi ; on calculait que la jonction pourrait se faire le 10 au soir ou le 11 au matin, et c'est à cette date qu'on forcerait M. de Tann à livrer bataille. Toutefois, l'inquiète vigilance du général bavarois trompa ces calculs : le 8, il apercevait déjà les périls de sa situation ; il offrit le combat le 9 ; le général d'Aurelles dut donc le vaincre, avant que Martin des Pallières n'arrivât pour la victoire.

Depuis la fatale journée de Sedan, l'armée de la Loire était la première que la France eût pu lever ; c'était aussi, selon toute vraisemblance, le dernier espoir de la patrie. Des mobiles, hier sortis de leur village, la plupart portant d'anciens fusils dans leurs mains inhabiles encore, conduits ou plutôt accompagnés par des officiers presque tous inexpérimentés ; des régiments de marche, bandes confuses de soldats qu'unissait un lien à peine senti, que ne précédait pas un drapeau bien connu d'eux tous, et que l'esprit de corps n'animait point de sa fierté ; des conscrits, presque des enfants, qui fléchissaient à chaque pas sous le poids de la guerre, et à côté d'eux, d'anciens troupiers, qui rapportaient au camp les habitudes vicieuses de la vie et du métier où la loi les avait repris : tels étaient les éléments principaux dont le général d'Aurelle avait dû composer l'armée de la Loire. Cette armée, les Prussiens la méprisaient à l'avance : ils disaient volontiers que, dans les conditions nouvelles de la science et de la guerre, on n'organise plus en un mois les moyens de vaincre ; ils s'imaginaient avoir pris à la France, sous les murs de Sedan et de Metz, son courage, sa puissance militaire et son génie ; ils ne voulaient voir derrière la Loire qu'une foule déréglée d'hommes en armes, qui se disperseraient, comme la poussière, au vent de la première bataille. Nos ennemis se trompaient-ils, pour l'honneur de la France? On n'osait guère le croire, tant, depuis des revers si étonnants et si soudains, la France avait désappris à espérer !

Le nom du général d'Aurelle n'avait point cette célébrité qui rend une nation confiante, surtout une nation déçue comme la nôtre par son premier enthousiasme, et qui se voyait veuve presque de toutes ses gloires. On connaissait peu le général d'Aurelle; il n'avait jamais commandé en chef, et on craignait qu'il n'y réussît pas mieux que tous ceux dont Orléans avait, hélas! trop constaté les échecs. On savait pourtant que, par ses soins sévères, une discipline rigoureuse régnait parmi ses troupes : c'était une marque d'énergie et peut-être un présage de succès. On savait aussi qu'il les avait menées vigoureusement à l'ennemi au combat de Saint-Laurent-des-Bois; elles y avaient eu l'avantage, et, depuis, dans l'âme du soldat était entrée la foi d'une prochaine victoire. La France et l'armée attendaient donc la bataille avec une patriotique inquiétude; mais dans cette attente de tous les cœurs, c'était la crainte qui prévalait.

Le général d'Aurelle avait sous ses ordres le 16e et le 15e corps; il commandait ce dernier corps en personne, depuis que Gambetta avait destitué de Lamotterouge. Vieux soldat d'Afrique, calme et vaillant général devant Sébastopol, il avait gagné le droit du repos par ses services et par son âge; mis au cadre de réserve le 14 janvier 1870, on lui avait demandé, en octobre, de reprendre sa forte et brave épée, et, ses soixante-cinq ans ne l'empêchant point de la tenir avec vigueur, il avait apporté à l'armée mal organisée de la Loire toutes les qualités dont elle avait besoin dans son chef. Robuste encore, actif et simple, d'Aurelle laissait voir sur son visage froid et dans son regard tranquille toute la sévère dignité de son commandement. Les officiers connaissaient sa prudence toujours attentive, la sûreté de son jugement militaire, l'énergie de ses résolutions; on avait en lui un général studieux de son métier et capable d'une guerre savante. Quant aux troupes, elles n'ignoraient point la réputation d'inflexible justice qu'il s'était depuis longtemps acquise : soigneux de leurs intérêts, zélé pour leur bien-être, il exigeait l'obéissance absolue, ne pardonnant rien devant l'ennemi à la lâcheté et au désordre. Dans une proclamation, lui-même le leur avait dit, dès son arrivée : « Ce que je vous demande avant tout, c'est de la discipline et de la fermeté. Je suis parfaitement décidé à faire passer par les armes tout soldat qui hésiterait devant l'ennemi. Quant à moi, si je recule, fusillez-moi. » En trois semaines, d'Aurelle avait suffisamment rétabli l'empire du devoir dans son armée. Aidé de son habile chef d'état-major, le général Borel, il allait rétablir aussi l'honneur militaire de la France.

D'après le plan convenu, Martin des Pallières marchait depuis trois jours à la droite d'Orléans et devait approcher du but. Les Bavarois, voyant des deux côtés de l'horizon des troupes qui s'avançaient vers eux, avaient ramené leurs forces vers Coulmiers. Le 7, ils avaient poussé une reconnaissance vers la forêt de Marchenoir; ils avaient rencontré les Français à Saint-Laurent-des-Bois, et, battus, leur cri d'alarme avait appelé d'Orléans M. de Tann et ses derniers régiments. Dans la nuit du 8, le général bavarois rejoignait son corps d'armée à Coulmiers, évacuant Orléans et se dérobant à Martin des Pallières pour tenter la fortune sur le seul point où elle parùt lui offrir encore une chance. Car, vaincu en cet endroit, il se ménageait au moins les moyens de se retirer vers Paris. S'il réussissait, au contraire, à vaincre devant Coulmiers cette armée de la Loire qu'il se croyait capable d'affronter, grâce à l'organisation supérieure de la sienne, M. de Tann pouvait espérer un égal triomphe en se retournant vers son second adversaire : d'Aurelle accablé, Martin des Pallières résisterait-il au vainqueur? M. de Tann prenait donc sagement le meilleur parti qui lui restât. Son seul tort, c'était de trop compter sur la valeur de ses troupes, c'était de supposer qu'il retrouverait à Coulmiers le facile bonheur qu'il avait eu au combat d'Artenay, un mois auparavant. Quoi qu'il en soit, décidé à la bataille, il profitait habilement de tous ses avantages : il occupait, devant l'armée de la Loire, des positions fortifiées avec un grand soin ; il devançait Martin des Pallières d'une journée. Pourquoi et comment eût-il tardé? Le 9, il livra la bataille. D'Aurelle s'était aperçu lui-même, aux dispositions de l'ennemi, qu'il ne pouvait plus attendre davantage ; et bien qu'il eût souhaité pour Martin des Pallières le délai de vingt-quatre heures nécessaire à la jonction projetée, il fallut attaquer les Bavarois. Ses soldats ayant mangé la soupe se portèrent en avant, à huit heures du matin. C'était la victoire de Coulmiers qui commençait (1).

M. de Tann avait rassemblé pour la lutte toutes les troupes du 1er corps d'armée bavarois, assisté de cavalerie et d'artillerie prussiennes (2). Il avait disposé ses

---

(1) Coulmiers est situé sur la rive droite de la Loire, dans cette partie du département du Loiret qui touche à l'Eure-et-Loir et au Loir-et-Cher. Placé presque à égale distance de Patay et de Meung, il est à 21 kilomètres d'Orléans. Sur son territoire se trouvent les châteaux de Coulmiers et de Lus.

Le nom de Coulmiers a déjà paru dans notre histoire. D'après Aymoin et selon la légende qui règne dans le pays, quand Clodomir, fils de Clovis, eut vaincu le roi de Bourgogne Sigismond, il l'amena prisonnier à Orléans, et c'est dans un puits de Coulmiers qu'il le fit jeter avec sa femme et ses enfants, malgré les prières et les reproches de l'abbé de Micy, saint Avit.

(2) Le général de Tann commandait à deux divisions d'infanterie, comprenant vingt-quatre bataillons et demi. Avec la division prussienne placée sous les ordres du comte de Stolberg, et

forces, alors moins considérables que les nôtres, sur une ligne moins longue, dont les principaux points étaient Baccon, la Renardière, Coulmiers, l'Ormeteau et Champs, tout en se fortifiant en arrière à Huisseau-sur-Mauves, à Rosières et à Gémigny. Son front de bataille était ainsi presque parallèle à cette longue suite de bois qui de Chaingy va jusqu'au delà de Bucy-Saint-Liphard. Partout il avait crénelé villages, hameaux, châteaux et fermes; et, depuis plusieurs semaines, ses soldats s'y tenaient prêts au combat (1). Partout il avait choisi le terrain pour l'avantage de ses batteries, et il pouvait espérer, par la quantité

---

celle qui faisait partie de son propre corps d'armée, M. de Tann avait neuf régiments de cavalerie, c'est-à-dire trente-six escadrons. Si ses pertes avaient été grandes au combat d'Orléans, il faut aussi tenir compte des renforts qu'il avait reçus à Orléans même. On peut donc évaluer ainsi les forces qu'il avait en ligne à la bataille de Coulmiers :

    Infanterie...................... 24,000
    Cavalerie...................... 6,200
    Train, pionniers, artilleurs........ 4,000
                                             34,200

Qu'on abaisse ce chiffre jusqu'à la dernière limite de la vraisemblance, il n'en sera pas moins légitime de prétendre que, le 9 novembre, il opposait au moins une trentaine de mille hommes à l'armée du général d'Aurelle.

(1) Le 19 octobre, dans une chambre que le comte de Stolberg habitait au château de la Source-du-Rolin, M. Maxime Genteur, son hôte, trouva épars à travers la cheminée des fragments

supérieure et le tir rapide de ses canons, compenser le nombre de nos fantassins.

Quant au général d'Aurelle, voici l'ordre de bataille où il avait rangé ses troupes. Sa droite, com-

de papier déchiré. Il les recueillit, et, grâce aux patients efforts des personnes qu'il vint consulter au lycée d'Orléans, grâce au professeur d'anglais, M. Beahan, qui l'aida de ses connaissances, il put reconstituer le texte de ce document mis en pièces par le comte de Stolberg. C'était la copie d'un ordre du jour indiquant les positions que la division de cavalerie commandée par le comte devait occuper de Coulmiers à Huisseau-sur-Mauves. Traduite par M. Beahan, cette pièce fut secrètement envoyée par M. Genteur au gouvernement de Tours, pour être transmise à nos généraux. On y trouvera la preuve que, dès le 17 octobre, M. de Tann avait établi ses troupes dans les cantonnements où les rencontrèrent les vainqueurs du 9 novembre. On y remarquera aussi les dispositions recommandées aux généraux qui présidaient à cette opération.

Voici la traduction de ce document :

Commandement de la division, 17 octobre 1870.
M. Q. Château la Source-du-Rolin.

1. — La division, renforcée par deux bataillons du 12ᵉ régiment d'infanterie royale bavaroise, occupera, demain 18 du mois, des cantonnements à l'ouest des bois de Montpipeau et de Bucy ; à savoir :

A. — De la brigade Baumbank, un régiment à Coulmiers ; l'autre régiment à Préau et à la Challerie.

B. — La brigade Collomb et les deux batteries, dans le Creux, le Ponceau, le Pater et les fermes situées autour de Huisseau-sur-Mauves.

C. — Les deux bataillons du 12ᵉ régiment d'infanterie bava-

mandée par le général Martineau, partait des environs de Messas et de Cravant pour prendre position entre le Bardon et le château de la Touanne, château qui se trouve presque à égale distance de Baccon et

roise à Saint-Ay. Ils donneront une compagnie pour couvrir la division Staber.

D. — Celle-ci prendra ses quartiers à Huisseau-sur-Mauves.

Je prie Messieurs les deux commandants de brigade de fixer aussi leurs quartiers à Huisseau-sur-Mauves, ou dans le voisinage le plus rapproché.

Les avant-postes doivent être placés à peu près sur la ligne de Carrières-les-Crottes, le Grand-Lus, la Renardière, Rondonneau, Aunay; ils doivent être fournis par les deux régiments de hussards, de manière que, tous les jours, deux escadrons de chaque régiment se rendent au bivouac et qu'ils soient relevés à la pointe du jour.

Depuis Aunay jusqu'à la Loire, je prie l'infanterie royale bavaroise de se charger de couvrir les lignes et de fouiller soigneusement les bois de Montpipeau et de Bucy.

Les régiments d'infanterie doivent explorer avec diligence le terrain en avant jusqu'à une distance d'un mille ou d'un mille et demi, par petites patrouilles. En outre, des reconnaissances très-étendues sont recommandées spécialement à la division.

Les deux troupes marcheront demain par les chemins les plus directs vers les quartiers qui leur sont assignés.

II. — Les avant-postes et les patrouilles, surtout les dernières, ne doivent laisser passer personne qui arrive des villages ou des bois, attendu que les francs-tireurs font leur métier dans ce pays de toutes les manières.

De plus grandes reconnaissances..... [*ici, le texte n'a pu être rétabli*].

Colonel Th. von Graevenitz,
Major von Gruter.

de Huisseau. Au centre, la division Peitavin s'avançait sur Baccon. Sur la gauche, se déployaient les régiments qui formaient le 16ᵉ corps, sous le commandement de Chanzy; à côté d'eux, toute la cavalerie conduite par le général Reyau, avec les francs-tireurs de Paris placés en éclaireurs à l'extrémité : Chanzy avait à gagner Charsonville, Épieds et Gémigny, et, de là, se porter sur Coulmiers, où l'ennemi avait préparé sa plus vive résistance. Par ce mouvement tournant, Chanzy devait descendre sur Coulmiers au moment où Peitavin victorieux aborderait lui-même cette position. On le voit donc, l'armée de d'Aurelle se dirigeait sur une ligne qui s'étendait du Bardon aux alentours de Gémigny; elle se mettait face à face avec les Bavarois jusqu'à Coulmiers; mais elle allait essayer de les déborder sur leur droite pour enclore leur armée dans ce dernier village et les bois voisins : s'ils n'échappaient pas à temps dans la direction de Paris, s'ils se retiraient sur Orléans, Martin des Pallières, survenant derrière eux, les recevrait sur le feu de ses canons et de ses 28,000 hommes; on aurait détruit l'armée de M. de Tann.

Le pays où se rencontraient les deux armées est compris entre Meung, Orléans et Patay. Sur son sol plat s'élargissent de vastes plaines où de vieux manoirs et de grandes fermes se cachent dans les arbres. On n'y aperçoit pas de hauteurs; parfois, il est vrai, la terre se courbe un peu; la contrée, limitée au nord par les petites collines du plateau d'Orléans, s'incline vers les bords de la Loire; mais c'est par une longue ondulation, sur une pente presque insensible : les deux chefs d'armée n'y eussent point trouvé quelqu'un de ces accidents de terrain dont le courage des combattants fait un obstacle invincible. Pourtant les Bavarois, se tenant dans la partie du pays qui remonte et s'élève vers la Beauce, semblaient pouvoir dominer de leurs feux les troupes qui s'avançaient contre eux; mais cet avantage ne leur servit guère : tout la journée, leurs canons tirèrent trop haut. A Baccon seulement, où les maisons s'étagent sur une sorte de mamelon, ils profitèrent grandement de la nature des lieux : l'assaut devait y être pénible et meurtrier. Comme c'est le blé qu'on sème sur ce terroir, point de ces vignobles, entrelacés l'un dans l'autre, qui, plus près d'Orléans, s'opposent à ce qu'une armée développe régulièrement ses lignes; les champs offraient donc leur surface unie à l'action savante d'une bataille rangée; à part quelques bouquets de bois dispersés çà et là, rien n'empêchait de voir la marche des régiments et de mesurer du regard les progrès du combat. Par malheur, il était difficile de hâter le pas dans ces immenses terres labourées; mais, si le pied du soldat s'enfonçait dans ce sol gras que la pluie venait de détremper, à peine remué par la charrue, il faut considérer aussi que les obus à percussion des Bavarois s'y engloutissaient sans éclater au loin : le lendemain on les trouvait, divisés sans doute, mais comme enserrés dans les trous qu'ils avaient creusés; ce qui explique le peu de mal que l'artillerie bavaroise causa dans les rangs de l'armée française.

Le général Martineau, avec l'une des deux divisions du 15e corps, avait effectué son mouvement sur la droite, en arrivant sans résistance jusqu'en face du vieux château de la Touanne, qu'on croyait occupé par les Bavarois. Une de nos batteries a bientôt pris position devant le château, dont les murs, immobiles et silencieux, semblent cacher mystérieusement l'ennemi. On va le bombarder, quand on apprend d'un paysan qu'il est évacué. On entre, en effet, sans qu'un coup de feu retentisse; et les premiers tirailleurs, qui ont dépassé la Touanne, aperçoivent au loin les Bavarois, à demi-dissimulés derrière les arbres ou dans la brume, qui massent leurs forces entre Baccon et Huisseau-sur-Mauves ; M. de Tann déclinait ainsi la lutte sur sa gauche : il concentrait ses troupes pour attirer tout l'effort de la bataille sur la ligne irrégulière que formaient Baccon, le château de la Renardière, le village de Coulmiers et le hameau de l'Ormeteau, ligne redoutable où ses batteries étaient bien postées et où ses soldats s'appuyaient soit à des murs crénelés, soit derrière des retranchements en terre.

Pendant ce temps, le général Peitavin commençait au centre le succès de la journée.

La moitié de sa division, celle qui touchait aux troupes du général Martineau, s'était portée d'un pas égal vers Baccon. Bâti sur un monticule, près d'un ruisseau ou *mauve*, Baccon était devenu comme une forteresse. A travers mille meurtrières, les Bavarois faisaient descendre leurs feux sur tous les abords du pays. Des barricades fermaient les rues, et de nombreux canons protégeaient le village sur ses côtés. Pour un si laborieux assaut, ne fallait-il pas des soldats aguerris? Ceux du valeureux général Peitavin y réussirent néanmoins. « En avant! en avant! » crièrent-ils tous avec leurs officiers. En avant! cri vraiment français, appel puissant qui retentissait plus haut que la voix de la mort dans les glorieuses batailles de nos pères, simple mot qui fut tant de fois leur seul chant de guerre et de victoire. On s'élance sur Baccon avec une impétuosité que chacun sent nécessaire dans une si périlleuse attaque. Les Bavarois, tranquilles et sûrs d'eux-mêmes, tirent à bout portant. Mais, à se battre de près, les Français ont retrouvé le génie militaire de leur race. Les barricades sont franchies; les baïonnettes reluisent aux fenêtres et devant les créneaux des maisons; on les force une à une; les batteries bavaroises s'enfuient; l'ennemi cède, et nos soldats, quittant derrière lui le village ensanglanté, reforment leurs rangs et marchent droit à la seconde position que le général en chef a prescrit d'emporter, c'est-à-dire au château de la Renardière. La joie d'avoir vaincu les anime. Les généraux pourtant les contiennent et les mènent dociles à travers la plaine qui s'étend de Baccon à Huisseau et à Coulmiers. « C'était beau comme une manœuvre ! » disaient le lendemain les officiers qui voyaient alors toutes les troupes du 15ᵉ corps se déployer, à droite et à gauche, sous l'œil vigilant de d'Aurelle, dans un ordre où tout était précision et calme. On raconte même que le soir un colonel bavarois, blessé et laissé à Gémigny, exprimait ainsi l'étonnement qu'éprouvèrent à cette vue les généraux ennemis : « En regardant votre armée aux premiers moments de la bataille, je ne pus m'empêcher de m'écrier qu'il y avait dans ce spectacle un changement inattendu pour nous. Un peu plus tard, quand elle eut manœuvré devant nous et que nous eûmes considéré les mouvements de son artillerie, les officiers qui m'entouraient se montrèrent fort troublés; je serrai la main à un général, mon ami, qui se trouvait près de moi, et nous nous dîmes : C'est une affaire perdue. » Conduites avec cette vigueur tranquille, les troupes du général Peitavin arrivèrent

evant le château de la Renardière, pour livrer un
ssaut semblable à celui de Baccon. Le château est
ntouré d'un parc et de chaumières qui forment un
ameau, entre Baccon et Huisseau-sur-Mauves. L'en-
emi s'y était solidement retranché et fortifié. Là
ussi il fallut assiéger les maisons l'une après l'autre.
e général Peitavin entra, l'épée à la main, au pre-
ier rang parmi ses tirailleurs; et bien que nos ca-
ons n'eussent pu secourir les assaillants engagés
ans la mêlée et au milieu du hameau, bien que
ennemi se défendît intrépidement, malgré les
ammes des maisons qu'il incendiait à l'aide de fagots
our nous arrêter, les trois bataillons qu'on y lança
hassèrent les Bavarois; c'étaient le 6e bataillon de
hasseurs de marche, un bataillon du 16e de ligne
t un du 33e de marche.

Quant à l'autre moitié de la division Peitavin, celle
ui touchait à l'aile gauche de l'armée, elle avait
ontinué sa marche en avant; après avoir occupé
ans résistance le château du Grand-Lus, qui s'élève
ntre Coulmiers et la Renardière, elle avait pris po-
ition à quelque distance de Coulmiers.

Il était alors un peu plus de deux heures. Déjà on
vait obtenu d'importants avantages. Sur la droite,
n n'avait plus aucun obstacle redoutable à craindre :
e général Martineau se trouvait maître du terrain.
u centre, on s'était victorieusement battu près de

cinq heures : on avait rompu sur plusieurs points la ligne où M. de Tann avait ordonné ses forces ; on avait emporté d'assaut Baccon et la Renardière. L'ennemi s'acculait à Coulmiers : que l'effort suprême y réussisse, et la journée sera un triomphe pour la France.

Au moment où, à son extrémité gauche, la division Peitavin envoyait ses premiers tirailleurs vers Coulmiers, le général d'Aurelle voyait en approcher, selon son plan, les troupes qui étaient à la base du mouvement tournant effectué par Chanzy. Voisines, dans l'ordre de bataille, de la division Peitavin, ces troupes appartenaient à la 2e division d'infanterie du 16e corps ; le général Barry les commandait. Parties le matin des environs de Coudray-le-Château, elles avaient rencontré d'abord des cavaliers bavarois qui venaient reconnaître l'armée française, et avec qui les hussards du 1er régiment de marche échangèrent quelques balles (1). Le général Barry conduisait ses sol-

(1) On a beaucoup parlé, pendant la guerre, de la hardiesse des cavaliers ennemis. Voici ce qu'un de mes amis, hussard au 1er régiment de marche, me racontait à ce propos, quelques jours après la bataille de Coulmiers.

Comme la division Barry se mettait en marche le matin, des hulans vinrent observer ses mouvements. Devant eux se trouvaient des hussards français. Postés à la lisière d'un petit bois, ceux-ci avaient l'ordre de ne pas engager de combat dans ce moment, tout en reconnaissant la plaine. Ils étaient au repos, quand un

dats à Coulmiers par les deux hameaux du village de Charsonville, qu'on nomme Villorceau et Champdry. Vers neuf heures et demie, le canon tonna sur sa droite, à Baccon, et tout à coup les obus tombèrent sur ses propres régiments. C'était du château de Coulmiers que l'ennemi les lançait : de loin, on voyait l'artillerie bavaroise s'éclairer sous ses feux devant l'ombre que formaient à l'horizon les grands arbres sans feuilles du parc. Les hussards qui précédaient la division reviennent au galop se placer derrière nos batteries. Celles-ci s'établissent. Sur les côtés, les chasseurs à pied s'arrêtent, se couchent à terre et tirent sur le château et les Bavarois. Un duel terrible a commencé entre les canons de Coulmiers et ceux de la 2ᵉ division. Mais ceux des Français l'emporteront. Spectacle imposant! Dans cette calme campagne, jus-

---

hulan, qui leur parut peut-être un officier, se détacha de son peloton et poussa son cheval vers eux. A portée de fusil il s'arrête, croise les bras et regarde les hussards. Ils avaient bien l'envie de lui envoyer une balle. Mais on l'avait défendu. Cependant le hulan immobile se met à chanter, comme en les provoquant. Le refrain de sa ballade arrive jusqu'à l'oreille de ses ennemis furieux. L'officier des hussards, que cette bravade irrite à son tour, saisit une carabine et vise. Comme le coup allait partir : « Feu! » crie en français et d'une voix vibrante l'audacieux hulan. Étonnement ou générosité, celui qui le visait laisse retomber son arme, et le hulan, tournant bride, s'en retourne près des siens, en poussant un grand rire et en faisant caracoler son cheval.

qu'alors familière aux seuls laboureurs, où rugissait le tonnerre d'une bataille comme invisible, on n'apercevait debout sur la plaine, sous un ciel de toutes parts sillonné par le vol des noirs obus, que les généraux entourés de leurs officiers, les artilleurs et un escadron de hussards. Presque à chaque demi-heure, nos canonniers cessaient un instant leur feu : les rapides batteries avançaient, toujours se rapprochant de Coulmiers ; la plaine alors s'animait ; les régiments suivaient peu à peu, et sur le terrain conquis se massaient les colonnes d'attaque et les réserves. Cette lutte des canons dura jusqu'à deux heures. Et tel était l'étrange et puissant intérêt qu'elle excitait dans sa solennité, que l'armée regardait les coups avec une curiosité où l'admiration donnait à chacun l'oubli de soi-même. Nos artilleurs étaient dignes de leurs adversaires ; ils pointaient avec une précision extraordinaire. Leur habile et vaillant colonel, M. de Noue, se tenait sur un tertre, auprès d'une ferme abandonnée ; sa lorgnette à la main, ses fourriers autour de lui, il envoyait partout ses ordres, commandant, suspendant, dirigeant le feu et pressant la marche en avant. Chacun faisait ainsi son devoir, et la fortune se rangeait de notre côté. Quand, vers deux heures et demie, les tirailleurs du général Barry purent se déployer au sud de Coulmiers, en rejoignant les tirailleurs du général Peitavin, il y avait déjà chez eux un sentiment de confiance qui donnait lieu de croire à un succès définitif.

L'ordre a retenti de se précipiter en avant. Les officiers agitent leurs sabres, les soldats se lèvent en jetant un grand cri : Vive la France ! Voici que les troupes du général Barry s'élancent sur Coulmiers au pas de course : c'est le 7e bataillon de chasseurs de marche et le 31e d'infanterie de marche ; ce sont les mobiles de la Dordogne (22e régiment). Pauvres enfants du Midi, mal vêtus pour nos frimas, la plupart paysans robustes et petits, avec cet air naïf et un peu sauvage de leurs campagnes, les mobiles s'en vont, étonnés et braves, à l'assaut de ce village d'où partent mille feux à la fois ; ils s'en vont en chantant une chanson de leur lointain pays, dans leur patois vif et sonore. La fusillade est terrible. Les Bavarois occupent le parc et le petit bois qui avoisinent le château de Coulmiers ; là sont placés leurs tireurs les mieux armés ; à chaque arbre, un fusil ; ils se sont retranchés derrière un talus qui borde un fossé, et ils visent de là, un genou en terre. Ailleurs, ils se sont abrités dans les maisons, derrière les haies ou dans les jardins. L'ennemi se défend avec fureur ; M. de Tann, qui prévoit déjà sa défaite, veut résister à Coulmiers jusqu'à la dernière heure ; car, tandis que sur sa droite il voit Chanzy qui arrive, tandis qu'au centre on va emporter d'assaut la dernière de ses positions, son aile gauche est dans le plus grand danger : le général Martineau la presse et la poursuit ; Peitavin et Barry, en prenant Coulmiers, vont la couper ; il faut donc, pour protéger la retraite de ces troupes compromises, qu'on arrête les Français à Coulmiers. Un instant, en effet, le général Barry dut interrompre sa marche. Le colonel du 31e, M. de Foulonge, était tombé, et de nombreux soldats auprès de lui. Nos pertes se multipliaient, les Bavarois ayant disposé en face du bois une batterie dont le feu dévorait devant elle nos régiments. Le général d'Aurelle appelle alors les bataillons de réserve que commande le général Dariès ; l'artillerie de réserve est amenée à la hauteur du château du Grand-Lus. Nos pièces forcent bientôt les artilleurs bavarois à leur répondre. Mais l'ennemi ne peut les atteindre : un officier hardi fait sans cesse changer nos canons de place et de direction ; la batterie bavaroise, gênée par les arbres qui l'encadrent, ne réussit pas, dans ses mouvements pénibles, à trouver le point fixe qu'elle cherche comme objectif ; elle est démontée. L'attaque du bois recommence alors, mais les Français ne tirent plus ; ils accourent cette fois la baïonnette au bout du fusil. L'intrépide général Barry est descendu de cheval, et, la canne à la main, l'air calme et la voix presque paisible : « Allons, mes enfants ! venez donc avec moi, » crie-t-il aux mobiles de la Dordogne, qu'il guide lui-même à l'assaut de ces retranchements. Le capitaine d'état-major de Gravillon tombe près de son général. On lutte d'homme à homme. Le jeune régiment de la Dordogne se bat avec la furie française, excité par l'héroïque exemple du général Barry, par celui du commandant de Chadoix et de tous ses officiers. Entrés dans le bois, les mobiles en chassent l'ennemi d'arbre en arbre. De leur côté, les chasseurs et le 31e de marche franchissent le mur du parc, pénètrent dans le château, emportent Coulmiers, et, tous ensemble, poursuivent l'ennemi jusqu'à une grande ferme, voisine du village, où les Bavarois tentent un dernier et noble effort. La bataille était gagnée ; on n'avait pas eu besoin des troupes de réserve.

La bataille était gagnée, répétons-le, car Chanzy, au prix de labeurs non moins meurtriers et non moins glorieux, assurait en ce même moment la victoire sur la gauche.

Le général Chanzy est à peine âgé de quarante-neuf ans. Fils d'un officier du premier Empire, né dans la belliqueuse Lorraine, il avait grandi dans la haine de l'ennemi qu'il voyait à la frontière. A l'heure même où il rencontrait les Prussiens, sur la gauche de Coulmiers, il pouvait se rappeler qu'au mois d'août, l'invasion avait ravagé son village de Nouart, dans les Ardennes ; il pouvait savoir que les Allemands s'étaient mis en embuscade derrière la maison de son père. Sorti l'un des premiers de Saint-Cyr, il avait parcouru rapidement sa carrière. Pélissier l'avait distingué en Algérie. A Solférino, on le citait à l'ordre du jour. En Syrie, on remarquait son savoir. Revenu en Afrique, il prenait part, comme général de brigade, à la dernière expédition du sud. En octobre, on l'avait appelé en France. Nommé tout de suite général de division, il était maintenant le chef du 16e corps dans l'armée de la Loire. Peu d'hommes y savaient mieux commander et plaire. Un front large, une physionomie ouverte, des traits agréables, un regard vif et clair où l'intelligence luit d'un singulier éclat; une bouche fine, des cheveux blonds, une taille haute, la tournure d'un soldat qui est aussi un homme du monde, des manières séduisantes, l'habitude d'une politesse où se mêle le charme, l'accent net et rapide d'une voix qui sait donner des ordres, tout en lui imposait l'autorité ou invitait à la sympathie. Il avait depuis l'école une devise où se marquent le patriotisme et l'amour de la discipline : « Bien servir. » C'était un officier instruit, capable aussi d'une énergie invincible. Le général d'Aurelle trouvait donc en lui un compagnon d'armes digne de seconder sa victoire.

Parti des campements qu'il occupait la veille entre le château de Coudray et Ouzouer-le-Marché, le

16ᵉ corps marchait sous les ordres de Chanzy dans une double direction : tandis que la deuxième division s'avançait par Champdry et Villorceau, vers le village de Coulmiers, la première formait l'aile gauche avec la cavalerie du général Reyau, qu'éclairaient les francs-tireurs de la Seine. Or, c'est avec elle que Chanzy, gagnant le nord-est et cheminant par Charsonville, Épieds et Gémigny, décrivait un mouvement tournant qui l'amenait sur la droite des Bavarois. Réussirait-il à les déborder ? Allait-il, selon ses intentions, les refouler sur Coulmiers en se plaçant entre Paris et eux ? M. de Tann aperçut ce danger : aussi opposa-t-il de ce côté une résistance acharnée ; et jusqu'à quatre heures, jusqu'au moment où les Français eurent forcé à Coulmiers le centre de l'armée bavaroise, l'ennemi arrêta le mouvement de notre aile gauche.

Après une marche longue et pénible, le contre-amiral Jauréguiberry (1), traversant Charsonville et Épieds, conduisit la première division devant le ha-

(1) Le contre-amiral Jauréguiberry avait déjà rendu d'honorables services à son pays. Il était capitaine de frégate en Crimée. Dans l'expédition de Chine, il commandait l'infanterie de marine à l'assaut des forts de Takou. C'est lui qui arriva le premier devant Pékin. Choisi plus tard comme gouverneur du Sénégal, il y réprima les abus d'une main énergique. Quand il reprit la mer, il fut nommé contre-amiral, et c'est en cette qualité que, le 7 novembre, il vint prendre le commandement de la 1ʳᵉ division du

2.

meau de Cheminiers. Ce hameau, situé entre Épieds, Rosières et Gémigny, se trouvait comme dans un demi-cercle de batteries dont l'ennemi couronnait l'horizon, de Saint-Sigismond à Coulmiers. Toutes tirèrent à la fois sur les troupes de Jauréguiberry, quand celles-ci parurent à Cheminiers. Les francs-tireurs du commandant Liénard, le 37e de marche et les mobiles de la Sarthe (33e de mobiles) se déploient au premier rang, sous la pluie d'obus qui tombe là tout entière. Point d'infanterie qui se montre devant eux; de toutes parts de lointains canons et la mort. Cependant, sous ce feu terrible, nos batteries prennent position; nos tirailleurs se dispersent dans la plaine. On veut avancer. Un instant, les rangs s'éclaircissent parmi les mobiles de la Sarthe (1); un instant, leur jeune bravoure s'étonne des coups implacables et multipliés dont les frappe l'artillerie bavaroise. « Eh bien! les Manceaux! est-ce que nous allons reculer? » crie parmi eux d'une voix gail-

---

16e corps. On vantait beaucoup, dans la marine, son caractère chevaleresque, sa loyauté, sa bravoure calme, son grand savoir et sa vie austère.

(1) A la bataille de Coulmiers, les mobiles de la Sarthe eurent 218 hommes hors de combat. Un de leurs officiers, M. de La Mandé, fut tué; huit autres furent blessés : c'étaient MM. de Montesson, commandant; le capitaine de Juigné, et les lieutenants de Bastar, de Batine, Boulard, Desreau, Robert et Rousseau.

larde un conscrit moins ému du danger que de l'honneur de sa province. Le mot passe, courageux et gai, dans tout le bataillon. Les Manceaux ne reculeront pas. Le colonel de la Touanne les excite noblement au devoir, et leurs officiers les aident par leur exemple à tenir bon sous les obus. L'un d'eux, volontaire de dix-huit ans et fils d'une race illustre, Paul de Chevreuse, tombe blessé à la jambe. Ses hommes veulent l'emporter. « Non, non, dit l'héroïque jeune homme; marchez à l'ennemi ; en avant, mes camarades! » Et, pour s'écarter de la route, il se traîne vers un petit tertre où son frère, le duc de Luynes, vint le chercher sept heures plus tard. Bientôt chacun s'est aguerri, et c'est avec la contenance de vieux soldats que les Manceaux protégent, à la droite de Cheminiers, la batterie qui va, sous leur escorte, assaillir de ses obus le parc de Coulmiers.

L'objectif de la division, c'était Gémigny. En s'en emparant, on renfermait les Bavarois entre Coulmiers et les bois qui sont à l'est, les bois du Buisson et de Bucy; et dès lors, l'ennemi n'avait plus pour s'échapper que la route qui mène de Coulmiers à Ormes, c'est-à-dire celle d'Orléans. Il fallait donc se hâter d'atteindre Gémigny. Par malheur, on n'avait pas seulement à passer Cheminiers sous la grêle des bombes bavaroises. Dans ce pays où les habitations s'éparpillent en se groupant, loin des bourgs, il suffit d'une ferme et de cinq ou six chaumières pour faire un hameau. Or, à la gauche et à la droite de Cheminiers, deux de ces hameaux se dressent dans la plaine presque égale et nue qui l'entoure : ce sont celui de Champs, devant Saint-Sigismond, et celui de l'Ormeteau, formé d'une ferme et de quelques masures en face de Rosières. On ne pouvait avancer sans les prendre ; car la première division eût ainsi laissé sur ses flancs les Bavarois qui s'y étaient massés. Chanzy, voulant se débarrasser de ces deux obstacles, donna l'ordre d'attaquer Champs d'un côté, puis d'enlever l'Ormeteau de l'autre. On devait d'autant moins tarder que la position, alors occupée par nos troupes devant Cheminiers, ne serait pas tenable longtemps : des obus ! toujours des obus ! Il était impossible de rester davantage dans ce lieu de mort et d'effroi. Jauréguiberry lança ses deux brigades sur les hameaux.

Pendant ce temps-là, Chanzy recevait une nouvelle alarmante. Sur sa gauche, c'est-à-dire à la ligne extrême de l'armée, le général Reyau, qui avait sous ses ordres toute la cavalerie du 16e et du 15e corps, faisait savoir qu'il était obligé de reculer. D'Aurelle avait à dessein placé sa cavalerie entière dans cette direction. De Séronville et de Prénouvellon qu'elle quittait au point du jour, elle devait se porter sur la droite des Bavarois et la déborder. Le général Reyau, selon l'ordre exprès du commandant en chef, marcherait vers Saint-Péravy-la-Colombe. Là aucun de ces bois qui de Gémigny à Huisseau-sur-Mauves couvrent le pays derrière les villages alors attaqués; là commencent à s'étendre au large les grandes plaines de la Beauce; là passe la route qui, dans leur retraite, conduirait les Bavarois vers Patay et Paris. Que le général Reyau allât occuper Saint-Péravy-la-Colombe, et la victoire, gagnée à Coulmiers, devenait désastreuse aux Bavarois. D'abord on triomphait plus tôt : contraints de prolonger leur front de bataille jusqu'à Saint-Péravy, obligés de desserrer leurs lignes, effrayés enfin par cette menace, ils eussent moins longtemps résisté à Coulmiers et aux alentours, ou bien la division Jauréguiberry pénétrait à Gémigny en temps opportun. D'autre part, n'ayant plus à suivre pour leur retraite qu'une voie détournée et plus longue, les Bavarois n'eussent rétabli leurs communications avec Paris qu'au prix des sacrifices les plus coûteux : peut-être même leur défaite se fût-elle changée en une déroute épouvantable. Ce fut une faute pour le général Reyau que de n'avoir pas exécuté l'ordre donné; ce fut un malheur pour l'armée de la Loire dont la fortune restait ainsi incomplète, et dont la bravoure n'obtenait pas de l'événement toute la récompense méritée.

Mauvaise chance ou inhabileté, le général Reyau ne réussissait pas plus à la bataille de Coulmiers que, le 10 octobre, au combat d'Artenay. Une fausse manœuvre l'égara et le retint loin du but. Est-il vrai qu'il se dirigea vers Saint-Sigismond, croyant se diriger sur Saint-Péravy? Est-il vrai qu'il se trompa sur les forces qu'il avait devant lui, qu'il les reconnut mal et qu'il aperçut des ennemis où il n'y en avait pas? Est-il encore vrai, comme l'ont assuré les Allemands dans leurs récits, qu'il refusa l'occasion de combattre offerte à son courage par la cavalerie prussienne, et que, sans cause et sans excuse, il laissa ses escadrons se retirer en désordre? On ne saurait le dire exactement. Tout autres sont les assertions du général Reyau dans la dépêche qu'il envoyait alors à Chanzy. Ses batteries, racontait-il, avaient perdu bon nombre de leurs chevaux et de leurs artilleurs; il n'avait plus de munitions; il était dans l'obligation de se retirer. Quoi! avec ses trente escadrons, ne pouvait-il pas tenter, contre les trente-six escadrons de l'ennemi, un de ces grands efforts que conseille, dans l'obstination du devoir, un peu d'intelligence héroïque? La lutte était-elle si inégale, était-elle impossible quand on comptait dans ses rangs tant de vaillants officiers, survivants glorieux des charges de Reichsoffen? Quelles qu'aient été, au reste, les raisons écoutées alors par le général Reyau, il y a ici un fait indiscutable : c'est qu'il ne suivit pas la direction prescrite par l'état-major; par erreur ou manque d'audace, il ne se porta point sur Saint-Péravy, selon l'ordre donné. On peut d'autant plus l'affirmer, qu'on répète, en l'affirmant, ce qui fut dit à ce sujet par les généraux réunis dans le conseil de guerre du 12 novembre (1).

Chanzy comprit la gravité du péril où, par sa retraite, le général Reyau mettait la gauche de l'armée : elle pouvait être entraînée dans ce mouvement de recul, obligée de céder le terrain jusqu'à Coulmiers, et mise en déroute peut-être; peut-être même M. de Tann, poussant l'avantage plus loin, entreprendrait-il à son tour de déborder l'armée de la Loire. Chanzy n'hésita pas : pour contenir les Bavarois, pour laisser à d'Aurelle le temps de vaincre au centre, il risqua, par un effort hardi, toutes les ressources qui

---

(1) Un fonctionnaire qui assista comme témoin à ce conseil de guerre m'a rapporté qu'après des explications dont il résultait que le général Reyau, en exécutant mal ses ordres, avait fait manquer le résultat principal de la bataille, Gambetta s'écria : « Il le paiera demain! » Le lendemain, en effet, le général Reyau fut remplacé dans son commandement.

Depuis, le général Reyau a publié dans la *Gironde* une lettre qui ne contient qu'une protestation sans preuves contre les reproches déjà publics auxquels il était en butte. Cette lettre ne discute pas, à notre regret, le fait même qui intéresse le débat. (*Voir aux pièces justificatives*, n° 2.)

lui restaient, en conduisant sur Saint-Sigismond ses troupes et son artillerie de réserve. C'était montrer de la sagacité militaire. Car, en portant l'attaque au point extrême de la ligne allemande, on faisait craindre à M. de Tann de voir ses communications coupées sur la route de Paris; on attirait le plus possible dans cette direction la résistance de l'ennemi, résistance qui devait s'affaiblir en s'étendant; en un mot, Chanzy opérait avec son infanterie comme l'aurait dû Reyau avec sa cavalerie : il allait à Saint-Sigismond, parce que Reyau n'avait pas été à Saint-Péravy. Un tel mouvement était une manœuvre heureuse. A cette vue, en effet, le général Orff, qui commandait la droite des Bavarois, changea ses dispositions : la cavalerie du comte Stolberg s'arrêta; moins pressée, celle de Reyau reprit haleine; l'ennemi renonçait à l'idée de nous tourner lui-même; nos canons, enfin, ripostèrent vigoureusement aux siens : le mal était presque réparé.

Ce n'était pas assez, pourtant : il fallait vaincre devant Saint-Sigismond et devant Gémigny. Pour y réussir, l'amiral Jauréguiberry fit tout ce que pouvaient la bravoure et la ténacité. Il commandait par son exemple autant que par ses ordres. Monté sur un petit cheval, à la manière d'un cavalier plus habitué au roulis des vagues qu'à l'allure d'un coursier, on le voyait courir dans la plaine découverte, entre ses troupes et l'ennemi, au milieu des boulets, pour rectifier le tir d'une batterie ou donner lui-même un avis. Son visage placide, sa voix calme, son geste tranquille affermissaient les courages autour de lui. Les soldats regardaient avec étonnement ce marin qu'ils avaient pour général depuis deux jours. Comme il était héroïque avec un dédain de la mort qui surprenait les plus braves, on l'admirait, et ce sentiment devenant au cœur de ses régiments comme une sorte de discipline, ils eussent obéi par admiration à toutes les volontés de l'amiral. Sur un signe de ce vaillant homme, un bataillon du 37e de marche se précipite au hameau de Champs, en face de Saint-Sigismond : les Bavarois, déconcertés par la fougue de leurs ennemis, l'abandonnent à la hâte, comme si l'abri qui les couvre dans les maisons crénelées du hameau ne suffisait pas à les protéger. Toutefois, leur retraite aura peu duré. Le général Orff sait qu'il lui faut sauver sur ce point l'armée de M. de Tann, qui se replie déjà sur la gauche et va succomber au centre. Aussi le 37e est-il à peine entré dans Champs, qu'un flot d'assaillants arrive; les Bavarois s'avancent par colonnes, soutenus par une artillerie supérieure. Les Français durent quitter la position qu'ils venaient de conquérir; mais grâce à l'énergique amiral, on se retire lentement, tranquillement, en se battant avec vigueur; le 37e s'honore par son intrépide attitude et par le nombre de ses morts. Le 33ᵉ de mobiles s'est déployé pour faire face à l'ennemi : une fusillade active pétille autour de Champs ; les jeunes soldats de la Sarthe, si novices pour de telles batailles, luttent bravement, et, jusqu'à quatre heures et demie, gardent leur place sous les boulets des Bavarois.

Ce drame de feu et de sang s'achevait. D'Aurelle se voyait victorieux devant Huisseau, Baccon, la Renardière et Coulmiers ; il ne se sentait pas moins heureux en apprenant que, sur la gauche, Chanzy avait résisté aux efforts redoublés de l'ennemi, et que le moindre secours nous donnerait l'avantage devant Gémigny et Saint-Sigismond. Il envoie donc une batterie de 12 à la division Jauréguiberry, avec la bonne nouvelle que Coulmiers vient d'être pris d'assaut. Nos artilleurs, pointant avec adresse les canons qu'ils amènent, réussissent, en une demi-heure, à faire taire ceux des Prussiens. Les Allemands entendent avec effroi la voix formidable des grandes pièces braquées sur eux ; leurs officiers savent bientôt qu'ils ne luttent plus que pour assurer la retraite. Déjà les soldats de Jauréguiberry se préparent à courir en avant. A cinq heures, l'amiral a formé ses colonnes d'attaque : l'une reprend, au pas de charge, la route de Champs et emporte ce hameau dans un élan irrésistible ; l'autre aborde, non moins rapide, non moins furieuse, les maisons crénelées de l'Ormeteau. Ici, le combat est sanglant : les Bavarois avaient savamment croisé les feux qu'ils lançaient des murs et des toits dont ils se couvraient. Il fallut prendre plusieurs de ces chaumières comme si c'eût été de vraies citadelles. On se battit corps à corps dans quelques-unes ; mais la baïonnette des Français fut invincible là comme au bois de Coulmiers. A six heures, tout était fini. A l'horizon de la bataille, il n'y avait plus un seul point où l'armée bavaroise ne fût en fuite.

De bonne heure, le général de Tann avait pressenti la fortune de la journée. Dès midi, il avait ramené vers le centre une partie de son aile gauche ; et peut-être eût-on hâté la victoire, si, avançant toujours sur Huisseau, l'aile droite des Français avait tenté de tourner Coulmiers (1). A une heure, M. de Tann faisait éloigner tout ce qui pouvait retarder la retraite. Vers trois heures, trois cents voitures de bagages, gardées par une quarantaine de hulans, se pressaient au village d'Ormes. Bientôt elles partaient au galop sur la route d'Artenay. Quand M. de Tann

---

(1) Le général d'Aurelle, inexactement informé de la force des Bavarois, croyait avoir affaire à un ennemi plus nombreux. Ses rapports lui donnaient lieu de craindre que M. de Tann n'essayât sur la droite, c'est-à-dire le long de la Loire, une diversion ou un mouvement tournant. C'est donc par prudence qu'on n'engagea pas plus avant la division Martineau.

vit la bataille tout à fait perdue, il assigna Toury à ses troupes débandées, comme lieu de ralliement. D'abord, il essaya de dissimuler sa déroute, et, reconnaissons-le avec justice, il fut habile comme ses troupes furent braves, jusqu'à la fin : derrière Saint-Sigismond et Gémigny, il étendit dans la campagne un long rideau de tirailleurs, formé des derniers régiments qu'il put rallier. Derrière ce rideau, tout le reste de son armée se sauvait précipitamment vers Artenay et Toury. A Gémigny, les quelques habitants qui se trouvaient encore dans le village eurent un spectacle qui les consola des misères subies pendant l'occupation : troupes dispersées et qui s'en vont éperdues, fuyards qu'emporte une course folle, cavaliers qui se fraient un chemin à travers les piétons qu'ils foulent, groupes de soldats qui errent à l'aventure, voitures qui se précipitent au hasard dans les champs et sur toutes les routes : voilà ce qu'ils aperçurent pendant quelques heures. A Patay, les Bavarois passèrent dans un désordre inexprimable, celui de la panique. Toute la nuit, ils marchèrent, haletants et découragés, dans la direction de Toury. Quand ils y arrivèrent, vers le matin, sans vivres, sans fourrages, et beaucoup d'entre eux sans munitions, accablés de faim et de fatigue, la plupart s'étendirent à l'endroit où ils s'arrêtèrent, et s'abandonnèrent à un sommeil lourd comme la mort. Il y avait là une quinzaine de mille hommes dont l'énergie brisée n'était plus capable d'un effort : masse inerte dont le vainqueur eût facilement fait sa proie, s'il avait pu paraître à ce moment. On sait aujourd'hui que l'artillerie tout entière des Bavarois, retenue ou paresseusement traînée dans la boue des terres labourées où elle s'était engagée, eût pu être capturée par nos cavaliers, si on les avait hardiment lancés à la poursuite des vaincus.

Deux circonstances empêchèrent que, le soir même de la bataille, l'armée de la Loire ne complétât sa victoire au point de la rendre tout à fait fatale à l'ennemi. D'abord, la cavalerie, après les faux mouvements de la journée, ne se trouva point prête à se jeter sur les Bavarois quand leur retraite se dessina : le général Reyau avait perdu trop de temps et trop de terrain. On dut se contenter de les poursuivre à coups de canon tant que le permirent les dernières clartés du jour. Ensuite, Martin des Pallières n'arriva pas derrière l'armée bavaroise à l'heure opportune où on eût pu barrer le passage des Allemands, les enfermer dans un cercle de fer et de feu, et les réduire au sort qu'avaient eu les nôtres à Sedan. Martin des Pallières, cependant, n'avait rien négligé pour rendre rapide et précise sa marche sur Orléans. Parti le 6 d'Argent, il avait amené son corps d'armée à Châteauneuf dans la soirée du 8. Le 9, aux premières lueurs du matin, il était en route vers la forêt d'Orléans. Quand il entendit le canon qui grondait au loin, il devina que la lutte avait commencé. C'était plus tôt qu'on ne s'y attendait. Le général de Tann devançait les projets de ses adversaires; d'Aurelle avait lui-même calculé une attaque moins prompte et une résistance moins longue. Martin des Pallières, au bruit que la bataille lui envoyait, fit courir son corps d'armée au canon. Mais un pays couvert de vignes, des terres qui ondulent et que des bois embarrassent de toutes parts, des chemins peu nombreux et point directs, le mauvais temps et bien des entraves inattendues, furent cause qu'il n'atteignit pas à temps les environs d'Ormes et d'Artenay, pour y couper la retraite des Bavarois ou du moins détruire leur arrière-garde. A cinq heures, ses éclaireurs étaient entrés à Orléans. A la tombée du jour, ses premières colonnes avaient passé la forêt et débouchaient à Chevilly. Peu s'en fallait donc qu'il n'eût rejoint l'ennemi. Malheureusement, l'ombre couvrait déjà la campagne : il était trop tard; le 17e corps ne put faire que quelques centaines de prisonniers. L'histoire des guerres modernes le prouve par plus d'un exemple : il est vraiment rare qu'un mouvement tournant, quand il s'opère sur une grande étendue de terrain, s'accomplisse avec une exactitude mathématique. D'ailleurs, comme on l'a vu, c'était pour éviter l'effet même d'une opération si redoutable que M. de Tann, évacuant Orléans et fuyant Martin des Pallières, s'était dépêché de livrer bataille le 9, sûr qu'il échapperait au moins, par cette précipitation, à la double étreinte où on menaçait de le saisir, s'il eût perdu une journée de plus. La manœuvre habile qui avait conduit le 17e corps dans la direction où il se trouvait le soir du 9 avait eu, en définitive, la plus grande utilité : elle avait contribué à la délivrance d'Orléans et précipité la retraite de M. de Tann à la bataille de Coulmiers.

A six heures du soir, Orléans était encore inquiet. Que voulaient dire ces formidables détonations qui retentissaient au loin, de plus en plus lentes et faibles? On soupçonnait la glorieuse vérité, mais mille rumeurs contradictoires troublaient la certitude. Un peu plus tard, au milieu d'une joie qu'exaltaient la fierté française de cette patriotique cité et le bonheur d'une délivrance cette fois réelle, on apprit la victoire de Coulmiers. Vers dix heures, apparurent les volontaires de Cathelineau : depuis Cléry, ils avaient longé la rive gauche du fleuve pour pénétrer à Orléans. D'Aurelle les avait placés aux environs de Beaugency pour éclairer la contrée, chasser les hulans des villages ravagés, protéger l'armée de la Loire sur sa droite, et, le moment venu, menacer Orléans au sud-ouest, tandis que Martin des Pallières arrivait de l'autre côté (1). Cathelineau avait rempli sa mission avec bravoure et intelligence. Avec quelle émotion le reçut la malheureuse ville d'Orléans ! Sa troupe, composée de Vendéens et d'un bataillon des mobiles de la Dordogne, passa, sous la pluie, à travers des rues peuplées d'une population étonnée de se retrouver libre : des larmes, des cris, des fleurs, tous les présents que le dénûment des habitants leur permettait encore, tel fut l'accueil qu'on leur fit ; avec eux, il semblait que la France rentrât aux murs d'Orléans. Le lendemain matin, presque au réveil, Cathelineau et ses soldats se rendaient à la cathédrale, apportant à Dieu le premier hommage de la victoire. Entouré de ses officiers, MM. de Puységur, d'Autichamp, de Lorges, de Fontenay, de Chabrol, de Baillivy, Cathelineau s'avança vers l'autel, et, levant son épée, il s'écria, la voix

(1) Pour mieux diviser l'attention et les forces de l'ennemi, le général d'Aurelle avait prescrit qu'un autre mouvement encore s'opérât au sud d'Orléans. Le général Faye devait partir de Salbris, où il était, avec 6 à 7,000 hommes, et « se porter en avant de manière à arriver le 10 au soir à La Ferté-Saint-Aubin. » Or, le 10 novembre, c'était, selon la parole du général d'Aurelle lui-même, la veille du jour où il comptait attaquer Orléans. Le général Faye avait l'ordre de marcher de La Ferté Saint-Aubin sur Olivet et Orléans, dans la journée du 11.

Ces calculs ayant été déjoués par l'habile précipitation de M. de Tann, le général Faye se trouva en retard d'un jour dans le mouvement qu'il avait à exécuter. La bataille de Coulmiers fut gagnée, avant qu'il eût pu achever cette opération.

tremblante d'un héroïque attendrissement : « Tout pour Dieu et pour la patrie! » Nobles mots dignes de tous les temps et de tous les cœurs...

Tout incomplets qu'ils fussent, la victoire de Coulmiers avait d'importants résultats. Le Loiret était évacué par l'ennemi; la Loire redevenait française; la forêt d'Orléans nous était rendue pour la défense du pays; les Allemands reculaient de dix à quinze lieues vers Paris; Orléans, avec ses lignes de chemin de fer, offrait de nouveau à l'armée de la Loire tous ces avantages d'un centre stratégique dont elle avait besoin pour opérer devant Paris. Dès lors, on verrait diminuer la sécurité des assiégeants et s'accroître l'espoir des assiégés. On pouvait se demander si, d'ailleurs, le plan des Allemands ne se modifierait pas, si toutes les opérations de la guerre ne se trouveraient pas changées tout à coup. Il y avait dans cette victoire plus qu'un retour de fortune pour la France : avec la virile satisfaction de l'honneur vengé, c'était peut-être le renouvellement de toutes nos forces morales. Toutes nos armées tressailliraient d'orgueil à cette nouvelle; le soldat avait, à Coulmiers, regardé en face le canon prussien; il savait maintenant que notre artillerie pouvait vaincre celle de l'ennemi; le charme maudit était rompu. Qui sait si, avec la confiance, troupes et généraux n'allaient pas retrouver le secret de ces efforts prodigieux qui sauvent les nations désespérées ? Orléans et bientôt la France entière se livraient à ces agréables pensées. Quant au général d'Aurelle, comptant les résultats et les effets immédiats qu'il constatait sur le champ de bataille même, il annonçait qu'on avait fait plus de 2,000 prisonniers ; en outre, tous les blessés de l'ennemi restaient entre nos mains ; avec les morts et les soldats qui s'étaient laissé prendre à Orléans et dans les villages voisins, M. de Tann perdait plus de 5,000 hommes dans cette journée (1). Environ 1,500 Français avaient été mis hors de combat (2). Si l'on songe que la lutte avait duré dix heures et que trois corps d'armées s'y trouvaient aux prises, ces chiffres paraissent relativement faibles. C'est que la bataille n'a été acharnée qu'en deux ou trois endroits, et qu'elle n'a guère été qu'un grand combat d'artillerie dont les points extrêmes étaient souvent à une distance con-

---

(1) Les Bavarois ont soigneusement dissimulé leurs pertes. Les journaux prussiens leur en imputent d'assez considérables. Nous avons su à Orléans, par les aveux d'un officier bavarois, que l'armée de M. de Tann avait eu cinquante-trois officiers tués à la bataille de Coulmiers.

Le correspondant anonyme du *Times* estimait que les pertes du général de Taun avaient été d'environ 4,000 hommes.

(2) Le général Ressayre, qui commandait la division de cavalerie du 16e corps, fut blessé devant Saint-Sigismond par un éclat d'obus ; son cheval eut la jambe cassée du même coup et se renversa sur lui en le contusionnant.

sidérable l'un de l'autre. Ajoutons que les Bavarois tirèrent trop haut et que leurs obus s'embourbèrent, pour ainsi dire, dans les terres amollies par la pluie où ils tombèrent, n'éclatant qu'au trou qu'ils y creusaient.

L'armée victorieuse campa dans les champs et dans les villages qu'elle avait emportés d'assaut. Toute la nuit, la pluie et la neige se mêlèrent dans de violentes bourrasques; le sol en fut détrempé au point que dans les champs labourés les chevaux s'enfonçaient jusqu'aux genoux. La poursuite des vaincus devint presque impossible. Cependant, on fit une capture importante près de Saint-Péravy-la-Colombe. Le matin, le contre-amiral Jauréguiberry apprit qu'un convoi bavarois s'échappait à la hâte dans la direction de Patay. Sur son ordre, un vaillant et intelligent officier, qui était son chef d'état-major, M. de Lambilly, part avec une cinquantaine de cavaliers, les uns dragons du 6e régiment, les autres hussards du 1er de marche. On surprend le convoi sur la route. Les Français se portent en avant pour le gagner de vitesse. Une charge furieuse a commencé. On cotoie les fourgons et les canons de l'ennemi dans les terres qui bordent le chemin. Jusqu'à Patay, on court et on sabre artilleurs, fantassins, voituriers. Enfin, le convoi s'arrête : cent cinquante hommes se rendent, avec cinq officiers, dont deux sont faits prisonniers par M. de Lambilly lui-même. Sept ou huit Bavarois restent gisants sur le lieu du combat, tandis qu'au prix léger de quelques blessures et de quelques chevaux, les cavaliers français ramènent triomphalement deux canons en acier et vingt-neuf voitures de munitions (1). Ce fut le dernier épisode de la bataille de Coulmiers. Bientôt toute l'armée du général d'Aurelle défilait en longues colonnes à travers la campagne, et, le soir, ses bivouacs brillaient devant la forêt d'Orléans, les villages de Bucy et d'Ormes et les environs.

Telle avait été, dans son ensemble, la bataille de Coulmiers. L'émoi fut grand à Versailles, quand on apprit la défaite de M. de Tann. On avait cru que l'armée de la Loire n'était qu'une ombre, et la voilà qui s'avançait, vivante, énergique et victorieuse, déployant près de 80,000 hommes sur les deux côtés d'Orléans. On avait jugé la France incapable de relever sa fortune et de réparer son honneur, et voilà qu'à l'heure où l'Europe la pensait en proie au découragement et au désordre, elle obtenait son premier triomphe dans cette guerre jusqu'alors désastreuse pour elle. La France allait-elle, d'élan en

---

(1) Dans cette expédition, MM. Cabrol, capitaine en second, et Petitfils, sous-lieutenant du 6e dragons; MM. de la Chaize, lieutenant, et Hardouin, sous-lieutenant au 1er hussards, se distinguèrent à l'envi par leur bravoure.

élan, accourir à Paris avec la victoire et la vengeance? On l'avait vue déjà, dans son histoire, retrouver aussi soudainement sa force, sa confiance et son bonheur sur les rives mêmes de ce même fleuve. D'Aurelle s'apprêtait-il à marcher sur Versailles? Ne s'empresserait-il pas de lancer en avant, sur les routes de Paris, ces jeunes troupes enivrées de leur succès? Ces questions durent troubler M. de Moltke lui-même. Habitués, depuis la journée de Woerth, à se croire presque invincibles, les soldats allemands pouvaient ressentir l'inquiétude d'un doute et d'une crainte dès qu'ils sauraient la déroute de Coulmiers. Aussi, l'état-major prussien, sans nier la réalité, chercha-t-il à voiler la vérité le mieux qu'il put. Le 11, on envoyait du quartier général à Bruxelles la dépêche suivante :

« Comme l'armée de la Loire s'avançait sur la rive droite de la Loire par Beaugency, le général von der Tann prit, le 9, position en face de cette armée hors d'Orléans.

« Après avoir constaté la présence des forces ennemies, le général von der Tann dut se retirer en combattant sur Saint-Péravy-la-Colombe. Le général von der Tann annonce que, depuis qu'il a quitté Orléans, aucun mouvement en avant n'a eu lieu, le 10, de la part de l'ennemi. »

Le même jour, le roi informait la reine Augusta par la dépêche que voici :

« Le général von der Tann s'est retiré en combattant d'Orléans à Toury, les Français étant en nombre supérieur. A Toury, il s'est réuni hier avec Wittich et le prince Albert, venant de Chartres. Le duc de Mecklembourg les rejoint aujourd'hui. »

Dans ces textes, que l'ennemi compose avec autant de prudence que d'orgueil, on aperçoit à demi la vérité. Mais, le 12, une troisième dépêche est expédiée à Berlin, et, cette fois, le mensonge se mêle à l'aveu :

« Versailles, 12 novembre.

« Dans les combats du 9, livrés par le général von der Tann, toutes les attaques de l'ennemi ont été repoussées ; il lui a été infligé de grandes pertes. Ce n'est qu'alors que le général von der Tann s'est retiré. Le 10, une partie des munitions de réserve, avec deux canons de réserve également bavarois, sont tombés entre les mains de l'ennemi. Le 12, aucun mouvement de l'armée de la Loire n'a été signalé. »

L'arrogance prussienne se montre tout entière dans ces quelques lignes. Prétendre que le général de Tann a repoussé toutes les attaques de l'ennemi avant de se retirer, c'est tromper grossièrement la foi publique; mais mentionner l'échec de ses alliés avec cette précision jalouse qui déclare bavarois tout ce qui est vaincu et pris, c'est attester le mépris qu'on a pour eux. Quel dédain dans cette précaution de langage! Quand les Bavarois ont un avantage militaire, les Prussiens les trouvent Allemands comme eux-mêmes; quand ils sont battus, ce ne sont plus que des Bavarois.

Quant au général d'Aurelle, modeste dans la victoire, il annonçait le bonheur de ses armes avec le scrupule d'un homme jaloux de ne rien exagérer et défiant de toute illusion. Cette simplicité respire dans l'ordre du jour que, le lendemain de la bataille, il faisait lire ainsi à ses troupes triomphantes et tout occupées de son éloge :

« Officiers, sous-officiers et soldats de l'armée de la Loire,

« La journée d'hier a été heureuse pour nos armes; toutes les positions attaquées ont été enlevées avec vigueur; l'ennemi est en retraite.

« Le gouvernement, informé par moi de votre conduite, me charge de vous adresser des remerciments; je le fais avec bonheur.

« Au milieu de nos malheurs, la France a les yeux

sur vous ; elle compte sur votre courage ; faisons tous nos efforts pour que cet espoir ne soit pas trompé.

« *Le général en chef de l'armée de la Loire,*
« D'AURELLE.

« Au quartier-général du Grand-Lus,
le 10 novembre 1870. »

Accouru de Tours pour féliciter les vainqueurs, Gambetta, de son côté, leur adressait la proclamation suivante, aux applaudissements de la France émue :

« SOLDATS DE L'ARMÉE DE LA LOIRE,

« Votre courage et vos efforts nous ont enfin ramené la victoire, depuis trois mois déshabituée de nos drapeaux. La France en deuil vous doit sa première consolation, son premier rayon d'espérance.

« Je suis heureux de vous apporter, avec l'expression de la reconnaissance publique, les éloges et les récompenses que le gouvernement décerne à vos succès.

« Sous la main de chefs vigilants, fidèles, dignes de vous, vous avez retrouvé la discipline et la force. Vous nous avez rendu Orléans, enlevé avec l'entrain de vieilles troupes depuis longtemps accoutumées à vaincre.

« A la dernière et cruelle injure de la mauvaise fortune, vous avez montré que la France, loin d'être abattue par tant de revers inouïs jusqu'à présent dans l'histoire, entendait répondre par une générale et vigoureuse offensive.

« Avant-garde du pays tout entier, vous êtes aujourd'hui sur le chemin de Paris. N'oublions jamais que Paris nous attend, et qu'il y va de notre honneur de l'arracher aux étreintes des barbares qui le menacent du pillage et de l'incendie. Redoublez donc de constance et d'ardeur. Vous connaissez maintenant nos ennemis. Jusqu'ici, leur supériorité n'a tenu qu'au nombre de leurs canons. Comme soldats, ils ne vous égalent ni en courage ni en dévoûment. Retrouvez cet élan, cette furie française qui ont fait notre gloire dans le monde, et qui doivent aujourd'hui nous aider à sauver la patrie.

« Avec des soldats tels que vous, la République sortira triomphante des épreuves qu'elle traverse; car, après avoir organisé la défense, elle est en mesure, à présent, d'assurer la revanche nationale.

« Vive la France! Vive la République une et indivisible!

« *Le membre du gouvernement de la défense nationale, ministre de l'intérieur et de la guerre,*

« Léon GAMBETTA.

« Quartier général de l'armée de la Loire,
 ce 12 novembre 1870. »

La victoire de Coulmiers aura dans notre histoire

ce glorieux caractère d'avoir paru incontestable aux vaincus. On ne disputera pas de ce succès : rien n'y fut indécis. Toutefois, pour expliquer leur défaite, les Allemands se sont montrés ingénieux. Les Prussiens ont prétendu qu'il n'y avait à Coulmiers que des Bavarois : mot orgueilleux qu'on ne saurait prendre pour une excuse légitime, puisque M. de Tann avait avec lui la division de cavalerie prussienne que commandait le comte Stolberg, c'est-à-dire cinq régiments accompagnés de deux batteries. Quant aux Bavarois, ils prétextent une infériorité qu'ils exagèrent avec une puérile complaisance. A en croire la *Gazette d'Augsbourg*, M. de Tann n'avait que « 16 à 18,000 hommes, y compris la division Stolberg, » en face de « 30 à 35,000 Français. » Mais voici que la *Gazette de Cologne* compte, du côté des Bavarois, trois brigades fortes d'environ 17 à 18,000 hommes; elle oublie deux divisions de cavalerie (1), les régiments

---

(1) Les réquisitions faites à l'hôtel-de-ville au profit des troupes cantonnées à Orléans ou aux environs portent les noms des régiments suivants, pour la cavalerie et l'artillerie bavaroises : 1er et 2e de cuirassiers; 3e et 4e de chevau-légers; 2e, 3e et 7e d'artillerie.

Les quatre régiments dont nous citons les numéros ne formaient pas à eux seuls toute la division de cavalerie bavaroise qui accompagnait le 1er corps d'armée de M. de Tann : comme on le sait par ce qui se passait à Dry, dans les derniers jours d'octobre, des hussards bavarois tenaient aussi la campagne.

d'artillerie, les pionniers et le train (1). Le *Times* affirme de son côté qu'avec ses 120 canons, l'armée bavaroise se composait de 50,000 hommes. C'est outrepasser la vérité. Quand il entrait à Orléans, le 11 octobre, le général de Tann avait deux divisions d'infanterie bavaroise, et, selon l'aveu de l'ennemi lui-même, 150 canons. Qu'on y joigne la division Stolberg, et l'on verra que les Allemands étaient au moins 28 à 30,000 combattants à Coulmiers. Quand même il serait vrai que d'Aurelle mit en ligne, d'après la *Gazette de Cologne*, « neuf brigades d'infanterie, sept régiments de cavalerie, avec 120 pièces de canon, » il ne s'en suivrait pas qu'il eût déployé, comme le déclare l'ennemi, 70 à 80,000 hommes. Les 15ᵉ et 16ᵉ corps, formés de huit brigades (2), comprenaient à peine 50,000 soldats ; et cette armée,

---

(1) Avec plus de franchise, la *Chronique illustrée* compte, dans l'armée que M. de Tann commandait à Coulmiers, deux divisions de cavalerie et deux divisions d'infanterie. C'est le chiffre qu'on a pu constater à Orléans, après le combat du 11 octobre. A cette époque, la division d'infanterie de von Wittich et la cavalerie du prince Albert étaient attachées au premier corps d'armée bavarois : elles s'en étaient séparées pour l'expédition de Châteaudun et l'occupation de Chartres.

On verra aux *Pièces justificatives* (nᵒˢ 3, 4 et 5) les récits des journaux allemands dont nous parlons. Il ne sera pas difficile au lecteur d'y constater les demi-vérités, les réticences, les erreurs et les mensonges.

(2) Le général d'Aurelle indique lui-même le chiffre de ses

composée de tant de mobiles et de conscrits, ne pouvait se comparer à celle de M. de Tann, ni pour l'organisation, ni pour la discipline, ni pour l'expérience. Ce n'était pas seulement par ces qualités militaires que l'armée de la Loire avait un certain désavantage. Les trente escadrons du général Reyau ne pouvaient que difficilement soutenir le choc des trente-six escadrons allemands. Notre artillerie, admirablement servie par nos marins et nos canonniers,

forces, dans la lettre confidentielle que, le 7 novembre, il écrivait en ces termes à Cathelineau.

(*Confidentielle*.)

« Dizier, 7 novembre 1870.

« Mon cher commandant,

« Je prépare un mouvement qui nécessite la concentration de toutes mes forces. En conséquence, je donne l'ordre à la brigade Rebilliard, que j'avais envoyée sur la rive gauche, de repasser sur la rive droite.

« Vous allez donc être réduit à vos moyens, c'est-à-dire vos volontaires vendéens et le bataillon de mobiles. Basez vos opérations là-dessus.

« Contrairement au renseignement que vous m'avez donné ce matin, on me dit qu'Orléans est évacué et que l'ennemi concentre toutes ses forces entre Baccon, Huisseau, Coulmiers, Gémigny, pour parer à un mouvement de l'armée de la Loire dont il se croit menacé. Il y a certainement beaucoup de monde de ce côté : y aurait-il aussi un grand nombre de troupes à Orléans, comme vous semblez le croire? Tâchez de vous renseigner à cet égard, et faites-moi connaître, sans retard, le résultat de vos investigations.

« Je crois devoir vous faire connaître, en effet, que nous alne le cédait pas sans doute à celle de l'ennemi, si l'on ne considère que la bravoure et l'habileté des pointeurs. Mais si nos pièces de douze étaient d'un calibre plus fort qu'aucune des pièces bavaroises, celles-ci se chargeaient par la culasse, et, par conséquent, se chargeaient plus vite et portaient plus loin que la plupart des pièces françaises ; au reste, avec les deux batteries du comte Stolberg, l'ennemi avait encore plus de canons que le général d'Aurelle (1). La supé-

lons faire un mouvement sur Orléans, de ce côté-ci, avec quatre divisions des 15e et 16e corps, et du côté de Gien avec une trentaine de mille hommes.

« L'ennemi, prévenu peut-être de ce double mouvement, ou, dans tous les cas, se sentant doublement menacé, aurait évacué Orléans où il s'exposait à se voir enveloppé.

« Pour concourir à ce mouvement, je donne l'ordre au général Faye, qui est à Salbris avec 6 à 7,000 hommes, de se porter en avant, de manière à arriver le 10 au soir à La Ferté-Saint-Aubin (c'est la veille du jour où nous espérons pouvoir arriver à Orléans), afin que, le 11, il continue son mouvement sur Olivet et Orléans. J'ai recommandé à M. le général Faye de se mettre en relation avec vous, dès qu'il sera à hauteur de La Ferté.

« Il importe que vous gardiez pour vous seul le secret de cette opération.

« Recevez, etc.

« *Le général commandant en chef les 15e et 16e corps,*
    Signé : « D'AURELLE. »

(1) M. de Tann avait au moins 120 canons bavarois ; le comte de Stolberg, 12 prussiens : 132 au total. Le général d'Aurelle n'en avait pas 100 pour ses deux corps d'armée.

riorité numérique de notre infanterie était donc compensée par celle de la cavalerie et de l'artillerie allemandes, autant que par les mérites militaires que les troupes de M. de Tann devaient à la pratique de la guerre et à la composition de leurs cadres. Ajoutons que les Allemands, exaltés par leurs victoires, avaient cet ascendant que donne la fortune, le souvenir de la gloire récente et le mépris de l'adversaire : habitués à considérer l'armée de la Loire comme un amas désordonné de fuyards et d'indisciplinés, ils se disaient sûrs de la battre. S'il n'avait cru lui-même à cette supériorité morale, M. de Tann eût-il risqué le combat? Confiant dans son bonheur passé, confiant dans ses soldats et ses canons, il dédaigna trop son ennemi; mais si ce dédain le trompa, ce fut aussi une première force pour lui. Il en avait une non moins avantageuse dans les positions qu'il occupait : à Baccon, à la Renardière, à Coulmiers, à Champs, à l'Ormeteau, il contraignait les Français à s'avancer en pleine campagne contre des murs crenelés où l'avantage du nombre ne leur servait de rien; invisible et presque inexpugnable derrière ses fortifications, l'armée bavaroise bravait la nôtre avec peu de péril. Bien commandée, elle était bien postée; de telles conditions n'étaient-elles pas pour elle de sérieux éléments de succès? A bien peser les choses, il n'y avait donc aucune disproportion réelle entre les deux armées. L'honneur de la victoire, pour le temps où nous étions alors, reste aussi grand pour la France que si le nombre des fantassins eût été égal des deux côtés. Et, d'ailleurs, est-ce bien à la Prusse d'alléguer de telles excuses? Dans la guerre moderne, ont dit plus d'une fois ses généraux, c'est une marque d'habileté que de concentrer les masses tout à coup et sur un point. Si une telle raison est bonne pour les vainqueurs de Spickeren, de Wœrth et de Sedan, dans ces batailles où de véritables multitudes accablèrent la France, pourquoi ne conviendrait-elle pas aussi au vainqueur de M. de Tann (1)?

Oui, ce fut une journée glorieuse que celle de Coulmiers; notre patrie pourra la rappeler avec une juste fierté. Après les désastres de Sedan et de Metz, on croyait, en Europe comme en Prusse, que la France avait tout perdu. Deux armées, les seules qu'elle eût pour sa défense, tombées tout entières au gouffre d'une capitulation; plus de chefs, à peine quelques régiments; ses dernières ressources renfermées dans Paris assiégé; des arsenaux vides comme son trésor; presque sans gouvernement : tel était

---

(1) Voir aux *Pièces justificatives* (n° 6) le rapport officiel où l'état-major bavarois a rendu compte de la bataille de Coulmiers. La vérité y est atténuée jusqu'au ridicule. C'est, sur plusieurs points, l'un des documents les moins sincères qu'on ait publiés pendant la guerre.

l'état de désespoir et de trouble d'où la France sortait, le 9 novembre, au bruit inattendu d'une victoire. Ses généraux, il avait fallu les prendre, les uns sur les vaisseaux et dans les ports, les autres dans le repos d'une vieillesse déjà déshabituée des armes; ou bien on les avait investis du commandement avant l'âge et l'expérience. Ses officiers, elle les avait choisis, ceux-ci dans ces grades éloignés qu'ils montaient maintenant d'un pas hâtif, ceux-là au seuil même des écoles où ils allaient entrer, d'autres dans une oisiveté tout à fait ignorante de la guerre, presque tous n'ayant que leur bonne volonté pour science et leur bravoure pour vertu, à l'heure sinistre du combat. Ses soldats, elle les avait assemblés à la hâte, dans la confusion du danger : on avait appelé quiconque était jeune; on leur avait montré un drapeau et donné un fusil; et, mal armés, mal exercés, mal vêtus, surpris et chancelants sous le fardeau dont la nécessité les chargeait si lourdement, on les avait poussés vers l'ennemi. Et pourtant, grâce à son vif génie, grâce aux souples et rapides ressorts dont son âme est pourvue, comme la France se relevait vite de l'abattement et de la défaite ! En un mois, elle s'était créé une armée nouvelle : les officiers avaient appris à commander, les soldats à marcher et à mourir, les généraux à vaincre. Qui de nous n'en était étonné dans l'orgueil même de son patriotisme ? Un général cachait, derrière les bois de la Sologne et la forêt de Marchenoir, des troupes auxquelles il enseignait, en quelques semaines, la confiance et la discipline; elles s'avançaient soudain, et l'ennemi, qui les soupçonnait à peine dans le secret où elles grandissaient, ne les apercevait que pour être battu : avec ces régiments à peine organisés, d'Aurelle gagnait une bataille savante; avec ces soldats, qui connaissaient à peine le feu d'un bivouac, les officiers arrivaient, l'épée haute, obéis et suivis, sur les murs crénelés, les retranchements et les barricades de Baccon, de la Renardière, de Coulmiers et de l'Ormeteau ; et partout ces jeunes gens, conscrits de tous les grades, renouvelaient les miracles de la vieille bravoure française. Certes, quand on a vu tant d'efforts parmi tant de difficultés, tant de courage après tant de malheurs, tant de vigueur après tant de faiblesse, on a le droit de dire que notre pauvre patrie a mérité les louanges et les consolations du monde; on a le droit de dire à la Prusse elle-même : « Quoi qu'il arrive, respectez la gloire comme l'infortune de nos armes; la France s'est honorée dans ses revers plus que vous ne l'avez fait vous-même, en un temps non moins sombre pour vous. Souvenez-vous des coups foudroyants sous lesquels nos pères vous abattaient à leurs pieds, en 1806 : eh bien ! après vos grandes défaites d'Iéna et d'Awerstaedt, après vos capitulations de Magdebourg et de Lubeck, vous n'avez pas même sauvé votre honneur ; dans l'ombre alors bien ténébreuse de votre histoire, pas un éclair de victoire qui éclaire, même une heure, votre drapeau obscurci et toujours fuyant ; vous n'avez su, dans ces calamités, ni former une armée de la Loire ni trouver un Coulmiers. Après cette guerre, nous aurons donc toujours une fierté de plus que vous. »

PIÈCES JUSTIFICATIVES.

N° 1.

Rapport officiel du général d'Aurelle de Paladines sur la bataille de Coulmiers.

Monsieur le Ministre,

J'ai l'honneur de vous adresser le rapport sur la bataille de Coulmiers, livrée dans la journée du 9 novembre.

Dès la fin du mois dernier, il avait été décidé, à la suite d'un conseil de guerre tenu à Tours, qu'on tenterait une opération combinée pour occuper Orléans, qu'on devait attaquer, du côté de l'ouest, par les troupes directement placées sous mes ordres, et, du côté de l'est, par les troupes du général des Pallières, le tout agissant sur la rive droite de la Loire.

Diverses circonstances, survenues au moment même de l'exécution du mouvement de concentration, ne permirent pas de donner immédiatement suite à ce projet.

Le 5 au soir, il fut décidé, d'après les instructions reçues du ministre de la guerre, que l'on reprendrait cette opération, et le général des Pallières, établi à Argent et à Aubigny-Ville, reçut l'ordre de partir le lendemain 6, pour se diriger par Gien et la forêt d'Orléans sur cette dernière ville, en lui laissant toute liberté de mouvement, de manière à arriver le 10 au soir ou le 11 au matin, suivant les événements.

Le reste de mes troupes, qui était établi sur la droite et en arrière de la forêt de Marchenoir, depuis Mer jusqu'à Viévy-le-Rayé, ne devait se porter en avant que le 8, afin de donner au général des Pallières le temps de faire son mouvement.

Dans la matinée du 8, l'armée vint occuper les positions suivantes : les généraux Martineau et Peitavin s'établirent entre Messas et le château du Coudray; le général de Chanzy entre le Coudray et Ouzouer-le-Marché; le général Reyau, avec la cavalerie, à Prénouvellon et Séronville; le quartier général à Poisly.

L'ordre de marche pour la journée du lendemain portait qu'une partie des troupes du général Martineau irait prendre position entre le Bardon, à droite, et le château de la Touanne, à gauche; que le général Peitavin s'emparerait successivement de Baccon, de la Renardière et du Grand-Lus, pour donner ensuite la main à la droite du général de Chanzy, en vue d'attaquer le village de Coulmiers, où, d'après nos renseignements, l'ennemi s'était fortement retranché.

Ma réserve d'artillerie et le général Daries, avec ses bataillons de réserve, devaient soutenir ce mouvement.

Le général de Chanzy devait exécuter par Charsonville, Epieds et Gémigny, un mouvement tournant, appuyé sur la gauche par la cavalerie du général Reyau, lequel avait pour instructions de chercher à tourner, autant que possible, l'ennemi par sa droite. Les francs-tireurs de Paris, sous les ordres du lieutenant-colonel Lipowski, avaient l'ordre d'appuyer, sur la gauche, le mouvement de la cavalerie.

Le 9, dès huit heures du matin, toutes les troupes se mirent en mouvement, après avoir mangé la soupe.

La portion des troupes du général Martineau, désignée pour

agir sur la droite, effectua son mouvement sans rencontrer l'ennemi.

Une moitié des forces commandées par le général Peitavin, soutenue elle-même par la réserve d'artillerie, enleva d'abord le village de Baccon et se dirigea ensuite sur le village de la Rivière et le château de la Renardière, où l'ennemi était fortement établi, dans toutes les maisons du village et dans le parc. Cette position vivement attaquée par trois bataillons, le 6e bataillon de chasseurs de marche, un bataillon du 16e de ligne et un du 33e de marche, fut enlevée, malgré tous les efforts de l'ennemi pour s'y maintenir. Dans cette attaque dirigée par le général Peitavin en personne, qui ne pouvait être soutenue que très-difficilement par l'artillerie, parce que nos tirailleurs occupaient une partie du village, les troupes déployèrent une vigueur remarquable.

La seconde moitié des troupes du général Peitavin se portait en avant tandis que la position de la Renardière était enlevée, occupait le château du Grand-Lus sans trouver de résistance, et faisait appuyer sa gauche vers le village de Coulmiers.

Sur la gauche, les troupes du général Barry marchaient par Champdry et Villorceau, qui était le centre de la ligne ennemie et qui était très-fortement occupé. Arrêtées dans leur marche par l'artillerie prussienne, elles ne purent arriver que vers deux heures et demie à Coulmiers, devant lequel se trouvaient déjà les tirailleurs du général Peitavin.

Ces tirailleurs, auxquels se joignent les tirailleurs du général Barry, se jetèrent au pas de course, aux cris de : « Vive la France! » dans les jardins et le bois qui sont au sud de Coulmiers, y pénétrèrent, malgré la résistance furieuse de l'ennemi, mais ne purent se rendre maîtres du village. L'ennemi qui s'y était retranché, et qui avait accumulé sur ce point une grande partie de ses forces et de son artillerie, faisait les plus grands efforts pour s'y maintenir afin de protéger la retraite des troupes de sa gauche, qui se trouvaient d'autant plus compromises que

4.

notre mouvement en avant s'accentuait davantage. Pour faire cesser cette résistance, le général en chef appela le général Daries et la réserve d'artillerie. Cette dernière s'établit en batterie à hauteur du Grand-Lus, et, après un feu des plus violents de plus d'une demi-heure, finit par réduire au silence les batteries de l'ennemi. En ce moment les tirailleurs, soutenus par quelques bataillons du général Barry, conduits par le général en personne, reprirent leur marche en avant, et pénétrèrent dans le village, d'où ils chassèrent l'ennemi vers quatre heures du soir.

Dans cette attaque, les troupes du général Barry, 7e bataillon de chasseurs de marche, 31e régiment d'infanterie de marche et le 22e régiment de mobiles (Dordogne), montrèrent beaucoup de vigueur et d'entrain.

A gauche du général Barry, une partie des troupes du contre-amiral Jaurréguiberry, éclairées sur leur gauche par les francs-tireurs du commandant Liénard, traversèrent Charsonville et Epieds et arrivèrent devant Cheminiers, où elles furent assaillies par une grêle d'obus. Elles déployèrent leurs tirailleurs, mirent leurs batteries en position et continuèrent leur marche en ouvrant un feu de mousqueterie. La lutte que soutinrent ces troupes fut d'autant plus sérieuse qu'elles furent longtemps exposées, non seulement aux feux partant de Saint-Sigismond et de Gémigny qui étaient devant elles, mais encore à ceux de Coulmiers et de Rosières, qui n'attiraient pas encore l'attention du général Barry. Il était à peu près deux heures et demie. A ce moment, le général Reyau fit prévenir le général de Chanzy que sa cavalerie avait éprouvé une résistance sérieuse, que son artillerie avait fait de grandes pertes en hommes et en chevaux, qu'elle n'avait plus de munitions et qu'il était dans l'obligation de se retirer. Pour éviter un mouvement tournant que l'ennemi aurait pu tenter par suite de cette retraite, le général de Chanzy qui, dans cette journée, a montré du coup d'œil et de la résolution, porta sa réserve en avant dans la direction de Saint-Sigismond, en la faisant soutenir par le reste de son artillerie de réserve.

Le contre-amiral Jaurréguiberry était parvenu à faire occuper le village de Champs par un bataillon du 37e; mais, à peine arrivé, attaqué par de l'artillerie et des colonnes d'infanterie qui entraient en ligne, ce bataillon dut abandonner le village. L'énergique volonté de l'amiral parvint cependant à nous maintenir dans nos positions jusqu'à quatre heures et demie, où l'arrivée d'une batterie de 12 réussit à maîtriser l'artillerie ennemie.

Pendant ce laps de temps, le 37e de marche et le 33e de mobiles ont été grandement éprouvés.

A cinq heures, toutes les troupes de l'amiral Jaurréguiberry se portèrent à la fois, en avant et s'emparèrent, au pas de charge, des villages de Champs et d'Ormeteau.

Après la prise de ces villages, dont le dernier avait été soigneusement crénelé et admirablement disposé pour la défense, l'ennemi, en pleine retraite, fut poursuivi, tant qu'il fit clair, par le feu de notre artillerie.

En résumé, dans la journée du 9, nous avons enlevé toutes les positions de l'ennemi, qui, d'après l'aveu d'officiers bavarois faits prisonniers, doit avoir subi des pertes considérables. Nous avons eu à lutter contre le premier corps d'armée bavarois assisté de cavalerie et d'artillerie prussiennes.

Cette journée eut pour résultat d'obliger l'ennemi à évacuer non seulement toutes les positions retranchées qu'il occupait derrière la Mauve et dans les environs d'Orléans, mais encore d'abandonner en toute hâte cette ville, pour battre en retraite sur Artenay par Saint-Péravy et Patay, en laissant entre nos mains plus de 2,000 prisonniers, sans compter tous les blessés.

La pluie et la neige qui étaient tombées toute la nuit et dans la journée du lendemain, et qui avaient détrempé les terres, rendirent impossible une poursuite qui eût pu nous donner de plus grands résultats. Malgré ces difficultés, une reconnaissance poussée jusqu'à Saint-Péravy s'empara de deux pièces d'artillerie, d'un convoi de munitions et d'une centaine de prisonniers, dont cinq officiers.

Le général des Pallières, dont la marche sur Orléans avait été calculée sur une plus longue résistance de l'ennemi, marcha pendant quatorze heures, dans la journée du 9, dans la direction du canon, et, malgré tous ses efforts, ses têtes de colonnes ne purent arriver qu'à la nuit à Chevilly.

Nos troupes d'infanterie de ligne et nos mobiles, qui voyaient le feu pour la première fois, ont été admirables d'entrain et de solidité.

L'artillerie mérite de grands éloges, car, malgré des pertes sensibles, elle a dirigé son feu et manœuvré, sous une grêle de projectiles, avec une précision et une intrépidité remarquables.

Nos pertes, dans cette journée, ont été d'environ 1,500 hommes tués ou blessés.

Le colonel de Foulonge, du 31e de marche, a été tué.

Le général de division Ressayre, commandant la cavalerie du 16e corps, a été blessé par un éclat d'obus.

Je ne saurais trop vous dire, Monsieur le Ministre, combien j'ai eu à me louer de la vigueur que l'armée tout entière a montrée dans cette journée. Il serait trop long de citer tous les actes de courage et de dévoûment qui me sont signalés. J'ai l'honneur de recommander à toute votre sollicitude les demandes de récompenses que je vous adresse, et qui sont toutes justifiées par des faits d'armes accomplis dans cette circonstance.

Le général en chef de l'armée de la Loire,
D'AURELLE.

No 2.

Protestation du général Reyau

On lit dans le *Mémorial des Pyrénées* :

« Monsieur,

« J'ai l'honneur de vous transmettre la protestation ci-jointe que j'adresse à la *Gironde*, en vous priant de vouloir bien l'insérer dans votre plus prochain numéro.

« Recevez, etc.

« Général Reyau. »

« Pau, le 23 novembre 1870.

« Monsieur le rédacteur en chef,

« On me communique, à la campagne où je viens d'arriver, un numéro de votre journal dans lequel je lis, avec indignation, les lignes suivantes :

« Le général Reyau, dont une fausse manœuvre à la bataille
« de Baccon a fait manquer la capture de quatre à cinq mille
« Prussiens, a été révoqué sur le champ de bataille même. »

« Je crois devoir, Monsieur, protester énergiquement contre une assertion aussi calomnieuse que mensongère, et donner à son auteur le plus formel démenti.

« Il me serait facile d'établir, par des documents officiels, la vérité sur la part que j'ai prise à la bataille d'Orléans, en combattant toute la journée du 9 à la tête de mes divisions.

« Mais afin de ne pas entrer dans de trop longs développements, je me bornerai à dire que je suis revenu le 9 au soir à Séronville, d'où je suis parti le 10, à la tête de mes troupes, pour me rendre à Tournoisis, et de là à Coulmelle, où j'ai séjourné, avec ma cavalerie et l'artillerie, les journées du 11, 12, 13 et 14.

« A cette dernière date, j'ai reçu de M. le général en chef la lettre suivante :

Villeneuve-d'Ingré, 14 novembre.

« Mon cher général,

« J'ai le regret de vous confirmer ce que je vous ai annoncé
« de vive voix : c'est que, comme tous les officiers généraux rap-
« pelés du cadre de réserve à l'activité, vous allez rentrer dans
« la position que vous aviez avant la guerre, et que vous allez
« être remplacé dans votre commandement.
« Une lettre que je reçois du ministre de la guerre m'an-
« nonce que M. le général de Longuerue vient d'être désigné
« pour prendre le commandement de la division de cavalerie
« sous vos ordres.
« Cet officier général m'annonce qu'il va arriver prochaine-
« ment ; je vous prie de lui remettre le commandement de la
« division dès qu'il sera arrivé.
« Recevez, mon cher général, l'assurance de mes sentiments
« les plus affectueux.

« *Le général commandant en chef des*
« 15ᵉ *et* 16ᵉ *corps d'armée,*
« D'AURELLE. »

« Avant de quitter mon commandement, j'ai adressé à mes troupes l'ordre du jour ci-après :

15ᵉ *corps d'armée.* — *Division de cavalerie.*

ORDRE.

« D'après un décret du Gouvernement de la défense nationale,

« les officiers généraux, rappelés momentanément du cadre de
« réserve à l'activité, rentrent dans la position qu'ils avaient
« avant la guerre.

« Par suite de cette disposition, le général de division de Longuerue a été désigné pour me remplacer.

« Cet officier général étant arrivé à Coulmelle, prendra immédiatement le commandement de la division de cavalerie du 15e corps.

« Ce n'est pas sans regret que je m'éloigne de cette belle division qui, depuis trois mois, n'a cessé de me donner toute espèce de satisfaction, principalement au combat de Toury, d'Artenay, et dernièrement à la bataille de Saint-Sigismond. Le calme, l'aplomb, la bravoure qu'ont montrés dans ces combats les officiers, sous-officiers et cavaliers, sont un sûr garant de leurs futurs succès, que je suivrai de loin et auxquels je m'associerai toujours.

« *Coulmelle, le 16 novembre 1870.*

« *Le général commandant de la division de cavalerie du 15e corps,*

« REYAU. »

« Ces documents suffiront, je n'en doute pas, pour réduire à néant les odieuses imputations dont on se sert, afin de porter atteinte à mon honneur.

« Je compte, Monsieur le rédacteur en chef, sur votre loyauté pour vouloir insérer cette protestation dans votre plus prochain numéro.

« *Pau, le 23 novembre 1870.*

« G. REYAU. »

No 3.

Bataille de Coulmiers

D'après la CHRONIQUE ILLUSTRÉE de Leipsick.

Le général von der Tann ne disposait que des deux divisions bavaroises dont il avait envoyé une en Sologne. Quant à la cavalerie, il n'avait sous ses ordres que la 2ᵉ division, qui lui rendit de grands services en lui faisant voir que les Français menaçaient son aile droite. Il se résolut à quitter Orléans le soir du 8 novembre, en laissant un seul régiment pour défendre les blessés.

Il prit position sur la route de Châteaudun, entre Saint-Péravy et Ormes; les avant-postes s'étendirent à l'ouest jusqu'à Coulmiers et Huisseau. Sur cette ligne de bataille, surtout près de Coulmiers, s'engagea le 9 novembre un vif combat. Le chef français se servit surtout de la supériorité de ses canons, sous la protection desquels son infanterie put tenir sans danger.

Deux divisions combattant contre plus de deux corps, c'était une résistance trop inégale. Le général de Tann, à la tombée de la nuit, se retira sur la route d'Artenay et se réunit dans la nuit du 10 au 11 octobre à Toury, avec la 22ᵉ division qu'il avait rapidement rappelée.

C'était le premier succès français dans cette guerre, et la jubilation triomphale de Gambetta fut immense. Il se vanta en public de sa part de responsabilité dans cet événement, et en profita pour ranimer le courage et l'enthousiasme du peuple et des troupes; et, d'ailleurs, on peut le voir par ses proclamations fanfaronnes. Il aurait mieux fait de ne pas surexciter les espérances, car, dans de telles dispositions, un revers ne tarderait pas à venir, s'il ne remportait pas victoires sur victoires.

A-Versailles, les nouvelles des événements qui se passaient sur la Loire firent une pénible impression.

N° 4.

La victoire de Coulmiers d'après la Gazette de Cologne.

Versailles, le 14 novembre.

Pour compléter mes précédents récits, je vous adresse divers renseignements sur le combat livré par von der Tann à l'armée de la Loire. Von der Tann quitta Orléans le 8 au soir, avec trois brigades fortes d'environ 17 à 18,000 hommes ; quelques colonnes d'approvisionnement et de munitions restaient dans la ville, sous la protection de deux bataillons d'infanterie. Ils avaient l'ordre de sortir le lendemain à midi. L'ordre fut ponctuellement exécuté. Il advint pourtant que, par malheur, quelques-uns des traînards, chose inévitable en pareil cas, qui étaient arrivés trop tard au lieu de réunion ou s'étaient égarés, furent massacrés par la populace d'Orléans. Pour ce méfait, la ville doit naturellement s'attendre aux plus dures représailles.

Cependant, von der Tann, avec sa petite bande, s'avançait résolument à la rencontre de l'armée française. Il la trouva à Coulmiers ; elle était commandée par un jeune officier, le général Paladines. Elle se composait de neuf brigades d'infanterie de ligne, d'un grand nombre de mobiles, de sept régiments de cavalerie, avec cent vingt pièces de campagne, en tout 70 à 80,000 hommes.

On reconnut bientôt que ces troupes étaient conduites avec plus d'habileté et de circonspection qu'aucun corps français ne l'avait été dans cette guerre.

Le général Paladines s'était approprié notre tactique : il répandit des éclaireurs sur les flancs et disposa sur ses côtés des colonnes destinées à le protéger de toute attaque. L'aile gauche des Bavarois, sous le général Orff, l'un des officiers les plus dis-

5

tingués de l'armée bavaroise, mit la gauche des Français dans le plus grand désordre et la rejeta sur leur centre. La cavalerie française avait été placée sur cette aile gauche; au premier choc de la cavalerie bavaroise, elle fit demi-tour à gauche et se retira, dans une fuite désordonnée, en arrière des positions du centre des Français. Sur l'autre côté, cela n'alla pas si bien.

Les Bavarois, malgré l'énorme infériorité de leur nombre, soutinrent sept fois dans leurs positions les attaques des Français et les repoussèrent. La bataille dura de la sorte de sept heures du matin jusqu'à une heure du soir. Alors von der Tann fit tout simplement faire une conversion à ses régiments et opéra ainsi sa retraite sur Toury, sans être le moins du monde inquiété par l'ennemi.

N° 5.

Bataille de Coulmiers.

Toury, 13 novembre.

Le devoir du premier corps d'armée bavarois, qui consistait à tenir solidement Orléans après son occupation, à attaquer l'ennemi pour interrompre sa marche sur Paris et ses tentatives de délivrance sur cette ville, ou au moins pour l'empêcher d'inquiéter les derrières de l'armée de siège, ce devoir a été rempli de la manière la plus brillante, la plus belle pour la gloire des armées bavaroises. Le temps qui s'écoulait depuis le combat d'Orléans était utilisé par l'ennemi pour l'accroissement de ses forces et surtout pour la formation d'une artillerie considérable (car c'est du manque d'artillerie qu'il souffrait toujours).

L'exploitation sans danger de sa fabrique de canons de Bourges, qui était à sa portée, lui donnait tous les moyens de réparer cette pénurie. Aussi l'armée de la Loire n'était pas encore constituée assez fortement, l'état moral de ses divisions isolées n'était pas encore assez relevé, que numériquement elle était plus que suffisante pour entreprendre une surprise contre le corps d'armée bavarois, plus faible, qui se trouvait à Orléans. Déjà, dans les jours précédents, plusieurs divisions ennemies inquiétaient nos avant-postes; les Bavarois se portèrent le 9 à leur rencontre, et le choc général eut lieu à Coulmiers.

Les Français paraissent avoir été mieux commandés cette fois-là; ils avaient pris une position favorable sur une chaîne de collines, d'où l'on dominait nos positions et d'où l'on pouvait tirer dessus en toute sûreté. Le centre et l'aile gauche gravissaient ces collines, tandis que leur aile droite s'adossait à une ferme et à des localités situées devant Coulmiers. Cette position entourait les forces concentrées des Bavarois et favorisait le développement et l'action de leur artillerie dont le calibre était supérieur à celui de l'artillerie bavaroise; ce furent surtout des pièces de douze et de huit qui furent mises en action. Pour entourer et occuper en troupes serrées cette position, les Français devaient être au nombre d'au moins 30 ou 35,000 hommes, tandis que les Bavarois, en comprenant la division de cavalerie (Stolberg) et les détachements requis, s'élevaient au plus à 16 ou 18,000 hommes. L'aile droite des Bavarois (la brigade Orff) gagna d'abord un terrain considérable, tandis que la gauche était quelque peu repoussée. Le nombre des canons engagés de chaque côté était très-considérable, et le combat d'artillerie fut longtemps balancé, tandis que l'infanterie attaquait sur tous les points avec sa bravoure merveilleuse, jusqu'à ce que la nuit tombante vînt mettre fin au combat.

A un moment, on vit que la cavalerie française voulait rompre l'aile droite bavaroise, et en un clin d'œil les régiments de cavalerie prussienne s'avancèrent pour se mesurer avec elle. Il est fâcheux que la cavalerie française leur ait refusé, par sa fuite, l'occasion de combattre qu'ils désiraient si ardemment. Les deux armées passèrent la nuit sur le champ de bataille, à une lieue l'une de l'autre. Le lendemain matin, les Bavarois battirent en retraite pour aller au-devant des troupes prussiennes qui se trouvaient déjà là. L'ennemi ébranlé ne troubla pas la retraite des Bavarois, qui s'opéra en bon ordre, et comme s'ils s'attendaient à un combat. Malheureusement l'armée bavaroise a à déplorer la perte de deux canons, d'autant plus qu'ils n'ont pas été pris dans le milieu du combat, mais le lendemain, à dix heures du matin. Ils avaient été joints à une colonne de munitions qui s'était égarée dans la retraite.

(*Gazette du Soir* d'Augsbourg, no 326.)

N° 6.

Nouvelles militaires officielles.

Quartier général de Versailles, le 13 novembre 1870.

Au général lieutenant en chef d'état-major suppléant, M. von Hanenfeldt.

J'adresse à Votre Excellence ce rapport sur le combat livré par le 1er corps bavarois auprès de Coulmiers.

Le général von der Tann avait appris, dès les premiers jours de novembre, que l'ennemi avait occupé fortement avec des gardes mobiles et des francs-tireurs la contrée de Mer à Moret et la forêt de Marchenoir, et qu'une brigade d'avant-garde s'était avancée sur les deux bords de la Loire jusqu'à Mer. Les reconnaissances poussées par la 2e division de cavalerie pour les poursuivre et les rapports des espions s'accordent à dire que l'armée de la Loire ennemie était prête à dépasser Coulmiers. Aussi le général von der Tann partit le 8 au soir dans la direction ouest, laissant à Orléans un régiment d'infanterie, et concentra son corps dans les positions entre Coulmiers et Huisseau.

Les divisions de cavalerie, poussées en avant de ces positions, heurtèrent l'ennemi le 9 novembre, à sept heures du matin, audelà de Coulmiers : il venait, selon les rapports de prisonniers, de Vendôme et de Moret. C'étaient les têtes de l'armée de la Loire, sous le général Polhès, qui comptait, selon des journaux lus auparavant, 60,000 hommes au Mans, et qui furent tous mis en mouvement.

L'ennemi attaqua les positions du corps bavarois avec six bataillons d'infanterie de six compagnies, suivis de colonnes fortes et nombreuses, dans la matinée ; sept régiments de cavalerie française protégeaient les ailes de l'attaque, et cent vingt canons français furent mis les uns après les autres en activité contre la position bavaroise. Cependant, grâce à l'excellente tenue des bataillons bavarois, on mit un terme à la marche des troupes françaises, malgré leur supériorité numérique considérable. Quatre attaques, que l'ennemi tenta contre notre aile droite, furent repoussées l'une après l'autre avec une grande valeur et avec des pertes considérables pour l'infanterie française, au point que le général von der Tann réussit à se maintenir jusqu'au soir dans ses positions. A la tombée de la nuit, lorsque les colonnes ennemies qui avaient attaqué se furent repliées, le général von der Tann résolut de se rapprocher des renforts qu'on lui envoyait de Chartres et de Versailles. La retraite sur Saint-Péravy s'effectua avec une tenue excellente et avec fierté, parce que les soldats avaient conscience que, malgré leur infériorité numérique, ils avaient rompu réellement l'attaque de l'ennemi, et que ce n'était qu'une libre résolution de leur général qui les obligeait à ce mouvement rétrograde.

L'ennemi ne poursuivit pas le 1er corps bavarois, mais il occupa le soir Orléans, où l'on dut malheureusement laisser à peu près mille malades non transportables dans les ambulances. Le 10, on poussa cette marche jusqu'à Toury, où le 1er corps d'armée bavarois se réunit aux troupes prussiennes envoyées pour le renforcer. Le commandement en chef de cette armée nouvellement formée fut pris par S. A. R. le grand duc de Meklembourg-Schwerin.

Les pertes du 1er corps bavarois, le 9 novembre, se montent à quarante-deux officiers et six cent cinquante hommes tués et blessés. Une colonne de munitions qui s'était égarée tomba, le 10, entre les mains de l'ennemi, avec l'employé et quatre-vingts hommes.

Un rapport français, saisi par nous, porte les pertes de l'ennemi en morts et blessés à deux mille hommes. Il est certain que l'ennemi n'a pu avancer au centre et a essuyé un véritable échec sur l'aile gauche. On se plaint ensuite du peu de nourriture et de soins accordés aux blessés. Si le rapport français parle de mille prisonniers, il ne peut en compter autant qu'avec les malades laissés dans les ambulances d'Orléans.

KARNATZ,
Capitaine d'état-major général.

(Extrait du *Militair-Wochenblatt*, n° 159. — 19 novembre 1870.)

www.ingramcontent.com/pod-product-compliance
Lightning Source LLC
LaVergne TN
LVHW021003090426
835512LV00009B/2044